Printed in the United States
by Baker & Taylor Publisher Services

ألسعادة

في

معجزات مغفلة

د.م. فهيم الجوهري

أورلاندو، فلوريدا

الولايات المتحدة الأمريكية

أيار، 2021

iUniverse

iUniverse books may be ordered through booksellers or by contacting:

iUniverse
1663 Liberty Drive
Bloomington, IN 47403
www.iuniverse.com
844-349-9409

Because of the dynamic nature of the Internet, any web addresses or links contained in this book may have changed since publication and may no longer be valid. The views expressed in this work are solely those of the author and do not necessarily reflect the views of the publisher, and the publisher hereby disclaims any responsibility for them.

Any people depicted in stock imagery provided by Getty Images are models, and such images are being used for illustrative purposes only. Certain stock imagery © Getty Images.

ISBN: 978-1-6632-2328-9 (sc)
ISBN: 978-1-6632-2329-6 (e)

Print information available on the last page.

iUniverse rev. date: 05/26/2021

ألسعادة

في

معجزات مغفلة

د.م. فهيم الجوهري

أورلاندو، فلوريدا

الولايات المتحدة الأمريكية

أيار، 2021

كلمة شكر وعرفان

Thanks

عندما نصل الى ما نحلم به، علينا أن نتذكر من ساهموا في وصولنا وساندونا، وذلك بكلمة شكر، فالحديث الثابت عن رسول الله عليه السلام: "لايشكر الله من لا يشكر الناس".

لذا أود هنا أن أعبر عن حبي وامتناني لزوجتي التي طالما وقفت لجانبي في وضع هذا الكتاب، وزودتني بأفكارها وخواطرها القرآنية.

كما أوجه شكري لبناتي وأبنائي الذين دعموني بقوة لتأليف هذا الكتاب، كما ساهموا أيضا في إبداء آرائهم وفي معالجة نصوصه.

د. فهيم الجوهري

3

ألفهرس Contents

4

ألمقدمة Introduction

قبل ظهور الإسلام في العالم كان الجهل منتشرا، وكانت القيم الإنسانية في كثير من البلدان شبه معدومة، فقد كانت العبودية من البديهيات المتعارف عليها بين الأمم، وكان القوي يقتل الضعيف، وكان أسلوب التبضع والدعارة منتشرة، وكانت عادات وئد البنات عند العرب منتشرة، الى غير ذلك من الأخلاق اللانسانية.

جاء الإسلام وفي حوالي أربعين عاما بنيت دولة من أكبر ألدول الحاكمة في التاريخ وتدين بالإسلام، كانت حدودها من البحر المتوسط الى الهند. وسقطت عروش دول سادت المنطقة الآف السنين. والسبب هو أن رسول الله (ص) والصحابة الكرام خاطبوا الأمم بكلام اللّٰه ، بالقرآن الكريم بالقول والفعل. لقد كان لدى الصحابة النضوج الفكري، وإستفادوا من حكمة رسول الله. فماذا يقول القرآن وما هي التزكية و النضوج الفكري وما هي الحكمة. وقد جاء في

سورة البقره دعاء سيدنا إبراهيم واسماعيل لذرياتهم:
" رَبَّنَا وَابْعَثْ فِيهِمْ رَسُولًا مِّنْهُمْ يَتْلُو عَلَيْهِمْ آيَاتِكَ وَيُعَلِّمُهُمُ الْكِتَابَ وَالْحِكْمَةَ وَيُزَكِّيهِمْ ۚ إِنَّكَ أَنتَ الْعَزِيزُ الْحَكِيمُ " (البقرة 129)

فلهذا القرآن الكريم المنزل من الله للناس كافة نفاذ في عقول من يعقلون ويتفكرون. أنا أرى أناسا" من شعوب لا تنطق بالعربية حينما يطّلعون الى ما في القرآن الكريم، يحترمون ما جاء فيه أو يسلمون ويكون فهمهم للإسلام أقوى من بعض من يدّعون الإسلام أو الذين يخفون دينهم أمام الأجانبن، لأنهم لم يتدبروا معاني القرآن الكريم، وألإسلام لا يحتاج الى تكلف، بل يحتاج الى نفس بصيرة وعقل واع.

لكنني هنا أحترم ولا أنكرما يقوم به الكثير من علمائنا ألأفاضل في توضيح خواطر القرآن الكريم، وتفانيهم في السفر عبر العالم لتوعية عباد الله بالرسالة السماوية.

لقد حفظ الله القران الكريم كما نزل على سيدنا محمد للعالمين، قال تعالى:

" إِنَّا نَحْنُ نَزَّلْنَا الذِّكْرَ وَإِنَّا لَهُ لَحَافِظُونَ " (الحجر 9)

ثم أن القرآن هو تجميع أصلي وإحاء لفظي نهائي من الله لنبينا وللبشرية. القرآن تحفة ذات قيمة أدبية هائلة، هو استمرار واستكمال للمهام الموكلة إلى الأنبياء من سيدنا إبراهيم....وموسى وعيسى عليهم السلام، القرآن لديه ثروة من المعلومات- كل من الحكمة الدنيوية والمفاهيم الفكرية، التي توفر مدونة الحياة للبشرية جمعاء. قال الله :

" آمَنَ الرَّسُولُ بِمَا أُنْزِلَ إِلَيْهِ مِنْ رَبِّهِ وَالْمُؤْمِنُونَ كُلٌّ آمَنَ بِاللَّهِ وَمَلَائِكَتِهِ وَكُتُبِهِ وَرُسُلِهِ لَا نُفَرِّقُ بَيْنَ أَحَدٍ مِنْ رُسُلِهِ وَقَالُوا سَمِعْنَا وَأَطَعْنَا غُفْرَانَكَ رَبَّنَا وَإِلَيْكَ الْمَصِيرُ. لَا يُكَلِّفُ اللَّهُ نَفْسًا إِلَّا وُسْعَهَا لَهَا مَا كَسَبَتْ وَعَلَيْهَا مَا اكْتَسَبَتْ رَبَّنَا لَا تُؤَاخِذْنَا إِنْ نَسِينَا أَوْ أَخْطَأْنَا رَبَّنَا وَلَا تَحْمِلْ عَلَيْنَا إِصْرًا كَمَا حَمَلْتَهُ عَلَى الَّذِينَ مِنْ قَبْلِنَا رَبَّنَا وَلَا تُحَمِّلْنَا مَا لَا طَاقَةَ لَنَا بِهِ وَاعْفُ عَنَّا وَاغْفِرْ لَنَا

وَارْحَمْنَا أَنْتَ مَوْلَانَا فَانْصُرْنَا عَلَى الْقَوْمِ الْكَافِرِينَ"
(البقرة 285،286).

لماذا لا نخاطب العالم بالحكمة بما في هذا
القرآن، إنها مهمة لمن منحه الله شرف التجوال
في ملكه، وسوف يحاسبنا الله إن قصرنا في
حمل هذه الرسالة.

لذلك فكرت في تدوين هذه المذكرة
المختصرة عسى أن تكون عونا للمسلم وغير
المسلم في فهم بعض ما جاء في خواطر آيات
القرآن الكريم، فالقرآن فيه كم هائل من
المعجزات الماديةالمغفلة أو المنسية، ومنها
الروحية التي تدخل في صميم حياتنا المادية، وما
هو مردود هذا الفهم على الإنسان نفسه كما
شعرت به في حياتي، لأن ألأجيال الحاضرة
تؤمن بالمحسوس ولا وقت لديها لتخوض في
روحانيات الدين وغيبيات ومواعظ وتفاسير
أجدادنا.

لهذا إشتملت مواضيع هذه المذكرة على أهمية النضوج للإنسان ليفهم المنطق السليم وأهمية المعرفة واللتان يقودان الى الحكمة، فالنضوج والمعرفة والحكمة هم من أهم أدوات الإقناع والتعامل مع الناس، كذلك أتحدث عن بنية الإنسان المادية والروحانية ثم تعريف الإيمان والعقيدة والإرادة والرغبة وعلاقتهما بالعادات وبناء شخصية الإنسان وتحديد مصيره، ثم عن فقه الواقع وقوانين الحياة، كما تطرقت الى محاولة توضيح بعض معجزات القرآن العلمية وأثارها، إضافة الى مفهوم الرق والإسراف.

لقد قال أحدهم أن قرائتك لكتاب هي التفكير باستخدام عقل مؤلفه. لكن من واجبي هنا أن أعترف بأن كل ما جاء في هذا الكتاب هو محاولة تخضع لقاعدة الإجتهاد فيها إحتمال الخطأ والصواب، والله العليم بكل شئ.

آمل من الله أنني وفقت في ما نويت اليه لغيرتي على الإسلام.

د.م. فهيم نصر الجوهري

1

مقدمة عن المؤلف

Who am I?

عندما كنت في الصفوف الإبتدائه كان والدي رحمه الله يخبرني بأنني يجب أن أصبح قصرا منيفا أو بنائا" ضخما ، وأن كل يوم من أيام حياتي هو حجر في هذا البناء، فكان يتوجب علي قبل ألنوم أن أسأل نفسي ما المعلومه الجديده التي أضفتها إلى هذا ألبناء، ليكتمل وأسكن فيه وأكون سعيدا"، لذا يجب علي أن أسعى الى المعرفة حيث أن المعرفه تعطي ألسعاده، فوالدي رحمه الله لم يجد في صغره ألأب الذي يوجهه الى العلم كزملائه في عصره الذين أصبحوا وزراء وذو شؤون.

وعندما كنت في الصفوف الإبتدائيه كان المدرس يحذرنا من نار جهنم ومن عذاب القبر وألآخره، ويا ويلنا إن أخطأنا في قراءة آية من القرآن لا علم لنا بالمقصود بها.... لكنني أخيرا حفظت عن ظهر قلب جزء عم ...واحتفلت بي عائلتي ...وحظيت بجولة في تكسي حول

المدينه يعلوه كرسي معرش ومزين...كل ذلك لم يجدي في تعرفي على الله.

منذ صغري وأنا أبحث عن المعرفه، معرفة ألعلم معرفة الماده، معرفة المخلوقات، معرفة الفلسفه، معرفة ألله، هل هو موجود؟ أين هو؟ كيف نعلم؟ كيف نفكر؟... كنت ولا زلت فضوليا لأتعلم واعرف كيف يعمل كل شىء ....وأسئلة شتى لم أجد لها جوابا في صغري... أنا أجزم بأن المعرفة تعطينا سعادة.... لذلك عكفت على قراءة الكثير من الكتب والمجلات الدوريه...

سارت بي ألأيام كما تسير بأي مخلوق طموح الى المعرفه ، أنهيت دراستي المدرسيه وعملت موظفا" كي أوفر لدراستي الجامعيه، بعد أن حصلت على الدكتوراه في الهندسه التقنيه وعملت كباحث ومعيد في الجامعه، عكفت على قراءة كتب العلوم الطبيعية والفلسفه وعلم النفس والإداره وغيرها لأضطلع على أفكار مختلفة....وكدلك على قصص العظماء في التاريخ ، وعكفت على أن أجد أجوبة لأسئلتي المحيره مما كتبه المفكرون

باللغات ألألمانية والإنجليزية ثم العربيه. ولازلت فضوليا" أسعى لأتعلم.

والنتيجة ومن خلال المعرفة أفتخر بأنني مسلم ، والإسلام جاء للعالم أجمع بفلسفة منطقية، إذن فأنا عالمي، وكما قال سيد الخلق :"لا فضل لعربي على أعجمي ولا أبيض على أسود إلا بالتقوى"، فالعالم هو وطني وأرض الله واسعة. لقد وضع الإسلام قواعد وقوانين للحياة الدنيا والحياة الآخرة. فقوانين الحياة هي من خلق الله...هل وعيناها وأمعنا التفكير بها؟؟.

2

ألإدراك والنضوج

Perception& Maturation

هنالك شقان لنضوج الإنسان: النضج العقلي ونضج الشخصيه.

وألنضج هو القدرة على الإستجابه للبيئه بطريقه لائقه، وتتغير أفكار الإنسان مع تقدمه بالعمر، فتتغير نظرته الى كثير من الأمور ويصبح أكثر نضجا. والنضج نابع من بيئة تعلم ألإنسان ممن حوله، من التبصر أو البصيرة التي وهبها الله للإنسان ومن إدراكه، إدراكه الحسي والعقلي والعلمي...قال تعالى:

" وَهُوَ الَّذِي أَنشَأَ لَكُمُ السَّمْعَ وَالْأَبْصَارَ وَالْأَفْئِدَةَ ۚ قَلِيلًا مَّا تَشْكُرُونَ " (ألمؤمنون 78).

فالأدراك الحسي أو <u>الشعور</u>- السمع والنظر والحس وبصيرة القلب- هي بداية مرحلة ألإدراك في ألبشر، يتلوه الأدراك العقلي ثم الإدراك العلمي... <u>وإذا نفي الشعور نفي الإدراك</u>

ونفي النضوج....يقول تعالى عن مؤمنون كاذبون:

" يُخَادِعُونَ اللَّـهَ وَالَّذِينَ آمَنُوا وَمَا يَخْدَعُونَ إِلَّا أَنفُسَهُمْ وَمَا يَشْعُرُونَ " (البقره 9).

أي أن الله ألغى الشعور ألأولى للإدراك لديهم فلا يصبح لديهم إدراك عقلي ولا إدراك علمي بوجود الله سبحانه....(الشيخ الشعراوي)(25).

" أَفَلَمْ يَسِيرُوا فِي الْأَرْضِ فَتَكُونَ لَهُمْ قُلُوبٌ يَعْقِلُونَ بِهَا أَوْ آذَانٌ يَسْمَعُونَ بِهَا ۖ فَإِنَّهَا لَا تَعْمَى الْأَبْصَارُ وَلَـٰكِن تَعْمَى الْقُلُوبُ الَّتِي فِي الصُّدُورِ " (الحج 46)

"بَلِ الْإِنسَانُ عَلَىٰ نَفْسِهِ بَصِيرَةٌ ﴿١٤﴾ وَلَوْ أَلْقَىٰ مَعَاذِيرَهُ" (ألقيامة 14-15)

" قَدْ جَاءَكُم بَصَائِرُ مِن رَّبِّكُمْ ۖ فَمَنْ أَبْصَرَ فَلِنَفْسِهِ ۖ وَمَنْ عَمِيَ فَعَلَيْهَا ..." (ألأنعام 104)

ألإدراك (5) هو من البصيرة وهو بداية التغيير للأفضل، هو بداية النمو والتطور، فلولا البصيرة لعاش الإنسان في ضياع كالحيوانات... من الطبيعي أن العقل الواعي يدرك بحواسه، يدرك

ما ينقصه من علم وتعلم، ثم يأتى دور العقل اللاواعى ألذي يخزن محصلة الإدراك لإستعمالها عند الحاجة(6)، وهنا يأتى دور النضج.

أما النضج فهو اكتمال الخبره والحكمه في أمور الحياة، النضج هوقدرة الأنسان على التمييز بين ما يصح وما لا يصح، بين الخير والشر، بين ما يفيد ولا يفيد، بين كيف أعيش سعيدا أو أصبح شقيا"..

النضج لا يكون مع الإنسان من ولادته. النضج يعطى الإنسان مفهوم الحياه وكيف يتصرف ويفكر في شتى ألأمور.

يعتبر نمو الإنسان المرحله الأولى والتى لا غنى عنها للنضج، لكن النضج الفكري غير مرتبط بعمر، فعمر الإنسان الناضج هو مجرد رقم. ألنضج هو محطات فكريه ليس لها نهايه. فمن صفات الإنسان الناضج ما يلى:
1- يتعامل بمنطق المسؤوليه مع الآخرين.

2- الناضج يصفح عند المقدره، ويدفع الأذى بالحسنى. قال تعالى:

"....ادفع بالتي هي أحسن فإذا الذي بينك وبينه عداوة كأنه ولي حميم " (فصلت 34)

3- أن يعرف متى يتكلم ومتى لا يتكلم، ولا يحب المجاملات.

4- الناضج يتكيف بسرعه في عالم متغيرغير مثالي ليجد ألأفضل، لأنه يهمل المفقود ويأخذ بالموجود. هو دائم التفائل، راض بما قدره الله له، شاكرا لنعم الله عليه.

5- الناضج يتفهم أسباب تصرفات الآخرين تجاهه.

6- يحترم نفسه ويتحمل مسؤولية ما يحدث له، ويعترف بخطئه، بينما غير الناضج يتهم دائما الظروف والغير في عدم نجاحه، يكون دائم الشكوى. الناضج يعمل على الأصلاح والتغيير.

7- الناضج يعرف ذاته وإمكانياته وما يريد في الحياه، لذلك هو يبني مستقبله بحدود امكانياته ولا ينتظر الصدف.

8- الناضج لا ينفعل عند المصائب أو ألأزمات، ولا عند الإحسان أو السرور.

9- النضوج هو عندما نبدأ بفهم صغائر الأمور قبل الحديث عن كبائرها.

10- الناضج لا ينقاد بسهولة للأخبار بل يتفحصها ليعرف ما هو ورائها، ولديه القدرة على مسائلة صحة المعلومات قبل تصديقها.

11- الناضج يتنبه الى القيمة ألفعلية للأشياء لا الدعايه والماركات التجاريه والمظهر.

12- الناضج يسعده الحديث مع الغرباء ، لأنه يحب التعرف على عادات وتقاليد الشعوب الأخرى.

13- الناضج يحافظ على علاقات طيبه ويتقن الإنسحاب من العلاقات المؤذيه والأصدقاء الفاشلين.

14- الناضج يحب السفر ويستمتع بحياته دون حذر، فهو يستمتع بزيادة معرفته بالعالم والشعوب.

15- الناضج يترك الجدل حتى لو كان متأكدا من رأيه.

16- الناضج لا سلطه أو معنى لحكم الآخرين عليه.

17- الناضج يحب المعرفه والقرأءة، ويحب معرفة كل جديد.

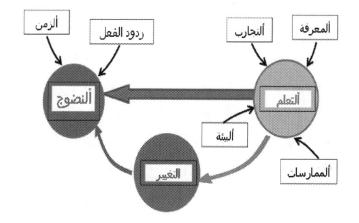

3
الحكمة

الحكمة كما عرفها علماء النفس⁽⁴⁰⁾ هي"
التكامل بين الفهم العميق والمعرفة والخبرة" .
والحكمة من عناصر شخصية الإنسان المهمة
التي تجمع بين العديد من الصفات المميزة، فهي
الخبرة والمعرفة والذكاء التي تكون في
الشخص الحكيم. هنالك من عرف الحكمة أيضا"
بأنها العلم الذي نبحث فيه عن حقائق ألأشياء
على ما هي عليه في الوجود بقدر طاقة عقل
الإنسان السوي لإستيعاب ذلك، كما أن الحكمة
هي الصواب في القول والعمل، وهي إصابة
الحق بالعلم والعقل، لأنها هي الرأي العقلي
الصائب. أو هي أن يكون الإنسان لديه البصيرة
الثاقبة في كثير من الأمور.

في اللغة العربية تعرف الحكمة بأنها هي كل أمر
يمنع الإنسان من القيام بالأخلاق الرذيلة، وهي

مشتقة من حنكة الحصان حول فمه لمنعه من الركض السريع، ولجمه لنتحكم في سلوكه بالطريقة التي نريدها. وفي تعريف إبن النووي: هي العلوم التي تـتـسم في إتباعها للأحكام الشرعية.

فضل الحكمة في القرآن الكريم: قال تعالى:

" يُؤْتِي الْحِكْمَةَ مَن يَشَاءُ ۚ وَمَن يُؤْتَ الْحِكْمَةَ فَقَدْ أُوتِيَ خَيْرًا كَثِيرًا ۗ.... "، "(البقرة 269).

قال رسول الله صلى الله عليه وسلم: "لا حسد إلا في إثنين: رجل آتاه الله مالا"فأنفقه في الحق، ورجل آتاه الله حكمة فهو يقضي بها ويعلمها".

وقال سيدنا عيسى عليه السلام: "إن الحكمة هي نور كل قلب".

لقد درس العلماء [43] مفهوم الحكمة منذ قديم الزمان أي 450 ق.م.، فقد قال المفكر والفيلسوف اليوناني أرسطوطاليس : "ألحكمة هي رأس العلوم والأدب والفن، هي تلقيح ألإفهام ونتائج الأذهان". أما ما قاله معلمه أفلاطون الكلاسيكي الرياضياتي: "ألفضائل

الأربعة هي الحكمة والعدالة والشجاعة والإعتدال". ومن حكم سقراط الحكيم معلم أفلاطون ومؤسس الفلسفة الغربية:

"أمراض لا دواء لها: قلة الدين وقلة الأدب"، "لافضيلة بلا معرفة"، "ألعقول مواهب والعلوم مكاسب"، "من بخل على نفسه فهو على غيره أبخل"، "المرأة العظيمة هي التي تعلمنا كيف نحب". سؤل سقراط: لماذا اخترت بأنك أحكم الحكماء في اليونان؟ فأجاب: "ربما لأنني الرجل الوحيد الذي يعترف أنه لا يعرف".

يعرّف الفيلسوف الألماني جوج ولهلم هيجل [44] الحكمة بأنها أعلى المراتب التي يمكن أن يتوصل اليها الإنسان، فبعد أن تكتمل المعرفة ويصل التاريخ الى قمته عندها تحصل الحكمة، وبالتالي فالحكيم أعلى شأنا" من الفيلسوف، والحكمةهي المرحلة التالية والأخيرة بعد الفلسفة، إنها ذروة الذرى وغاية الغايات وهنيئا لمن يتوصل الى الحكمة والرزانة.

الحكمة تعطي الإنسان خلق عظيم، تعطيه الشعور بالاتزان وتولد وعيا بطريقة التعامل مع

الأحداث، والحكمة مطلوبة في شتى أمور الحياة،
في السراء والضراء، لأنها إمتلاك عدد من
الصفات المطلوبة كالهدوء والاتزان وقت
المصائب، وهي النظر الى الأمور بشكل أعمق
للبحث في أسباب المشكلة وفي مضاعفاتها وفي
ايجاد الحلول الممكنة لها.

الحكمة من صفات ألأنبياء والرسل والصالحين،
قال تعالى مخاطبا سيدنا محمد في سورة القلم:
" وَإِنَّكَ لَعَلَىٰ خُلُقٍ عَظِيمٍ ﴿٤﴾".

الحكمة أيضا من صفات الذين يتفكرون في خلق
السماوات والأرض من العلماء. الحكمة تساعد
ألإنسان على أن يكون صائبا في أقواله وأفعاله،
فترتفع مكانته وتشرفه بين من حوله. بالحكمة
يكتمل عقل الإنسان ويصبح محببا" لمن حوله،
يستمتعون بآرائه.

إذن من هو الحكيم؟.... الحكيم شخص عاقل
يرجح الأمور نحو الصواب بما إمتلكه من خبرات
عبر تجاربه في حياته، لكن ليس من الضروري
أن يكون كل من إمتلك خبرات في حياته حكيما".
فمن صفات الحكيم أنه متفائل دائما بالمقدرة

على حل معظم مشاكل حياته، فهو متفائل في أحلك المواقف، وهو يتميز بالهدوء وبالتأني عند مواجهة القرارات الصعبة، فهو يستعمل حسه وذكائه لاستنباط النقاط المهمة في رؤية حيثيات الأمور. يقول عالم النفس إغور غروسمان [39] : الحكمة ترتبط مع التأثيرات ألإيجابية في حياة الإنسان، وهذا يقلل من مشاعره السلبية، ويقول أيضا" أن الشخص الحكيم يكون عمره مديد نسبيا، وتكون له علاقات إجتماعية جيدة.

وألإنسان الحكيم يتصف بمجموعة من الصفات منها: [41،42]

1)القدرة على التحليل واستنباط الدروس من علمه وتجاربه في مجال تخصصه، وهنا لا يعتبر العمر عاملا" بل النضوج أساسي.

2)أن يكون نزيها محايدا في حكمه، غير متأثر برغباته الخاصة، فالغرور وحب الذات لا يجتمعان مع الحكمة.

3)الحكماء ينظرون الى الأمور بايجابية وواقعية، حتى أنهم ينقدون ذاتهم باستمرار.

4)الحكيم يفكر بهدوء قبل أن يتكلم، فالكلمةالتي تخرج من فم الإنسان لن تعود.

5)الحكيم يفهم الأخرين ويعمل كمحقق، ليس عنده شخص سئ ولا شخص جيد، هو يفهم أسباب تصرفات الآخرين، ويدرك مبرراتهم، ليقدم أفضل نصائحه.

6) الحكيم يتقبل الآخرين كما هم دون تغيير تصرفاتهم، لعلهم يتقبلوا أفكارة.

إذن كي تصبح حكيما في آرائك، عليك أن تتدبر كل تجارب حياتك وتستخلص منها حكم حدوثها، تستخلص الأسباب والنتائج. يجب أن تبحث في تجارب حياتك في العمليات ألإجتماعية والعاطفية والعلمية والإدراكية...التي تحول خبراتك الى حكم. فكل ما نمر به ليس إعتباطا، ولا صدفة ولا حظ، بل هو مقدرا" لك من داخلك أو من خارج إرادتك، إن استوعبته سترقى بفكرك وفهمك للأمور، وسوف تصبح قادرا" على إعطاء الحكم الصائب لما هو حولك. فالحكمة هي عصارة التجارب الحياتية، وافراز لشتى أنواع الحوادث والنوازل، وإلهام بعد إشغال الفكر وتدبر

الأمور. وتكون على قناعة بأن خبراتك الحياتية التي مرت بك كانت لتشقفك بالفهم الواعي لكل ما يحيط بك.

4

دولة ألإنسان
Human State

الإنسان في أي زمان ومكان هو دولة قائمة بحد ذاتها، كما هي دول العالم [17]، لها أزمنه وأمكنة متغيرة، ومناخات متعددة، وقد خلق اللّٰه الإنسان الدولة من سبعة عناصر هي: **العقل (ألدماغ)** (Mind)، **والنفس** (Self)، **والشخصية** (Character)، **والجسد** (Body)، **والروح** (Spirit or Soul)، **والبصيرة** (Clairvoyance)، **والغريزه** (Instinct or Common sense)، وطلب اللّٰه من الإنسان إستعمال عقله حسب الزمان والمكان فيما لا يتعارض مع الثوابت والمحكمات من محرمات ممنوعه، وطلب منه أن يأمر بالمعروف أي المتعارف عليه من الأمور المسموحه في عصره لاستمرارية الحياه الكريمه.

الإنسان إذن هو دولة ذات سياده، **فالنفس** تسكن **الجسد** ثم تذوق الموت وتخرج منه، قال تعالى:

"....وَلَوْ تَرَىٰ إِذِ الظَّالِمُونَ فِي غَمَرَاتِ الْمَوْتِ وَالْمَلَائِكَةُ بَاسِطُو أَيْدِيهِمْ أَخْرِجُوا أَنفُسَكُمُ ۖ الْيَوْمَ تُجْزَوْنَ عَذَابَ الْهُونِ..." (ألأنعام 93).

والنفس في الجسد هي الحاكم الآمر الناهي، وتكون وهي في الجسد محكومة بالقوانين المادية للجسد. أما **العقل** فهو المدير العام **والجسد** هو الشعب، دستور هذه الدوله هي **الشخصية** المُساسة من النفس...فالنفس من خلال الشخصية تتحكم بالعقل، والعقل بدوره يأمر أدوات الجسد كاليد والعين واللسان ألخ...بعمل حركات إرادية لفعل شئ ما، وليس لهذه الأدوات الحق في أن تتمرد على العقل...بعض العقول تتلطف في الجسد، لأنها تعلم علم اليقين بأن بينهما مصلحة مشتركه، لكن عقول أخرى لا تراعي ما سيحصل للجسد، لأنها عقول حكمتها شخصيات غبية أوسيئة...أما الحركات اللاإرادية للجسد كالدورة الدمويه والتنفس وشهية ألأكل والجنس فهي من تخصص **الغريزه**.

والسؤال المحير هنا: هل ألمخلوقات الأخرى كالطيور والحيوانات لها نفس؟

قال تعالى: " وَمَا مِن دَابَّةٍ فِي الْأَرْضِ وَلَا طَائِرٍ يَطِيرُ بِجَنَاحَيْهِ إِلَّا أُمَمٌ أَمْثَالُكُم ۚ مَّا فَرَّطْنَا فِي الْكِتَابِ مِن شَيْءٍ ۚ ثُمَّ إِلَىٰ رَبِّهِمْ يُحْشَرُونَ " (الأنعام 38).

أنا ربما أفهم من هذه الآية الكريمة بأن المخلوقات عندما تموت ستعود يوم القيامة، إذن فلديها نفس تسكن جسدها، وتعود يوم القيامة، لكن لا تحاسب لأن الله لم يمنحها حرية الإرادة. وطالما لها نفس، إذن لها شخصية هي بمثابة دستور ثابت لحياتها، والله أعلم.

لذا كي نتحكم بجسدنا علينا أولا" تهذيب شخصيتنا: فالنضوج والحكمة وحب الغير والطيبه والمسامحة والإخلاص في العمل من الصفات الجيدة للشخصية، والتي بدورها تخلق الحياة الهنيه الطيبه....

بينما الِكبَر والعداوة والبغضاء والحقد والحمق والحسد والمكر والكسل، من الصفات للشخصية السيئة، والتي تدمر الحياة وتخلق التعاسه للإنسان ومن حوله...

قال تعالى:

"وَلَا تَسْتَوِي الْحَسَنَةُ وَلَا السَّيِّئَةُ ۚ ادْفَعْ بِالَّتِي هِيَ أَحْسَنُ فَإِذَا الَّذِي بَيْنَكَ وَبَيْنَهُ عَدَاوَةٌ كَأَنَّهُ وَلِيٌّ

حَمِيمٌ ﴿٣٤﴾ وَمَا يُلَقَّاهَا إِلَّا الَّذِينَ صَبَرُوا وَمَا يُلَقَّاهَا إِلَّا ذُو حَظٍّ عَظِيمٍ " (فصلت 34-35).

هنا تحثنا الآيه على المسامحة وأن نكون صابرين عند الشدة.

وقال تعالى:

" لِّكَيْلَا تَأْسَوْا عَلَىٰ مَا فَاتَكُمْ وَلَا تَفْرَحُوا بِمَا آتَاكُمْ ۗ وَاللَّـهُ لَا يُحِبُّ كُلَّ مُخْتَالٍ فَخُورٍ " (الحديد 23).

وهذه الآية تدعوا الأنسان أيضا" التوكل على الله والصبر على ما أصابنا، وتحذرنا من الكبر.

وقال تعالى:

" وَمِن شَرِّ حَاسِدٍ إِذَا حَسَدَ " (ألفلق 5) ....

الحسد هو شرٌ يعود أثره على الحاسد، لكن الله يقي المؤمن من الحسد.

وقال تعالى:

" إِنَّمَا يُرِيدُ الشَّيْطَانُ أَن يُوقِعَ بَيْنَكُمُ الْعَدَاوَةَ وَالْبَغْضَاءَ فِي الْخَمْرِ وَالْمَيْسِرِ وَيَصُدَّكُمْ عَن ذِكْرِ اللَّـهِ وَعَنِ الصَّلَاةِ ۖ فَهَلْ أَنتُم مُّنتَهُونَ " (المائدة 91)...

وهنا أمر من الله بشكل لطيف في تحريم شرب الخمر ولعب القمار، لأنها تسمم الشخصية التي تسيطر على عقولنا فتحدث العداوة والبغضاء بيننا.

ألله
جل حلاله
الدماغ
الشخصية
النفس
ألروح
الجسد
البصيرة
الغريزة

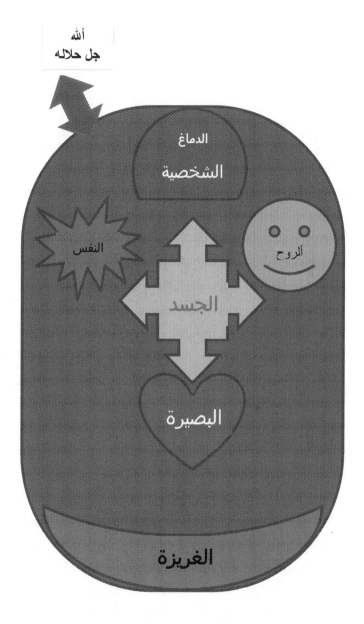

5

الروح والغريزه
Soul & Instinct

قد ذكرت سابقا بأن الانسان يتكون من سبعة عناصر هي **العقل (الدماغ)، النفس، الشخصية، الجسد، الروح، البصيرة والغريزة**... ألروح هي من علم الله. وقد ثبت من القرآن الكريم أن الله تعالى نفخ من روحه فقط في الأنسان...قال تعالى:

" وَيَسْأَلُونَكَ عَنِ الرُّوحِ ۖ قُلِ الرُّوحُ مِنْ أَمْرِ رَبِّي وَمَا أُوتِيتُم مِّنَ الْعِلْمِ إِلَّا قَلِيلًا ﴿٨٥﴾ وَلَئِن شِئْنَا لَنَذْهَبَنَّ بِالَّذِي أَوْحَيْنَا إِلَيْكَ ثُمَّ لَا تَجِدُ لَكَ بِهِ عَلَيْنَا وَكِيلًا " (ألإسراء 85-86).

الروح من علم أمر الله، وهنالك شتى الدلالات في القرآن الكريم توحي لنا عن **الصلة مع الله تعالى، ولا علاقة لها بالنفس**[20]... لذلك لا أحد ولا العلم الحديث إستطاع أن يتعرف عن ماهية الروح. عندما خلق الله عز وجل سيدنا آدم من طين وسواه بشرا حي وجعل أعضاءه

تعمل، وهكذا في الجنين، فإذا إكتمل نموه نفخ الله فيه من روحه ثم يخلق فيه الغريزة أوالفطرة النقية والبصيرة، كما يؤيد دوما المؤمنين به بروح منه، فنفخة الروح من الله ممكن هي تأييد وصله وقرب من الله سبحانه وتعالى للإنسان، فالقرآن أيضا"هو روح موحاة من أمر الله الى نبيه، **فالروح ليست الحياة بل فيها الصلة والتأييد والقرب من الله** ...والله أعلم...قال تعالى:
" لَّا تَجِدُ قَوْمًا يُؤْمِنُونَ بِاللَّهِ وَالْيَوْمِ الْآخِرِ ... أُولَٰئِكَ كَتَبَ فِي قُلُوبِهِمُ الْإِيمَانَ وَأَيَّدَهُم بِرُوحٍ مِّنْهُ...." (المجادلة 22).

عندما يموت الإنسان تذهب روحه من جسده. أما النفس فترجع الى ربها في البرزخ. والجسد يبلى ويتحلل الى مواد هيدروكربونيه.... وغازات الميثان وإيثان وفوسفين الذي يشتعل بمجرد تلامسه مع أكسجين الهواء....وإذا غرق الإنسان في البحر وأكله السمك يتحول الجسد الى غذاء هيدروكربوني للسمك.

هنالك من يعتقد أننا عندما نقرأ كتاب فيه علم، العلم يدخل الى عقولنا، ما ألذي يدخل؟

الحبر أم الورق !!!... وأين يستقر؟؟... في الدماغ أم في القلب أم أين؟؟

وهنا يخطرني ما ذكره المرحوم الدكتورمحمد شحرور[21]، أن الله تعالى عنده كل العلم بكل شئ، وما أعطي اليك من العلم يا بني آدم -أكنت مسلما" أم كافرا"- هو جزء يسير...وكلما تقدم ألإنسان بالبحث العلمي زادت روحه علما"، لكنه لم ولن يصل الى كمال العلوم الموجودة عند خالقه الذي يعلم كل شئ. مهما اكتشف ومهما إخترع وطور وبحث في العلم والهندسة والطب وألأدب وكافة العلوم، ولئن شاء الله فسيمحي كل ما أوحي الينا من علم .

لقد نفخ الله عز وجل ببني آدم من روحه ولم يفعل المثل للمخلوقات الأخرى، فألإنسان مخلوق عنده البصيرة والإدراك بخلاف الحيوانات.

ألله علم آدم ألأسماء كلها. والله علمنا ويعلمنا من بعض علمه. علمنا اللغات وأسماء الأشياء. علمنا الكيمياء والفيزياء والحساب وغيرها الكثير من علمه هو الله عالم كل شئ. أما ألحيوان فليس له روح ولا بصيرة، وإلا لصنع الحمار سياره. لكن الله وهب لكل الأحياء النفس والغريزة كما وهبها للإنسان.

لكن بإعتقادي وكما ذكرت سابقا" أن الله وهب للإنسان دون غيره من المخلوقات صفة **البصيرة**، والبصيرة هي قوة الإدراك والفطنة، **هي العلم والعبرة والخبرة عن تفكير لا تقليد**، والتي لا توجد في الحيوان مثلا". فالإنسان ببصيرته يستطيع أن يشاهد ويفكر ويعمل ويطور **ويعبر ويحاجج في رأيه بلغة واضحة أو إمائية، بخلاف الحيوان**. لذلك استطاع الإنسان تطوير حياته وتطويع الطبيعة لخدمته، بينما الحيوان لا يزال كما خلق من آلاف السنين على حاله. والبصيرة ربما موقعها قلب الإنسان، قال تعالى:

" أَفَلَمْ يَسِيرُوا فِي الْأَرْضِ فَتَكُونَ لَهُمْ قُلُوبٌ يَعْقِلُونَ بِهَا أَوْ آذَانٌ يَسْمَعُونَ بِهَا ۖ فَإِنَّهَا لَا تَعْمَى الْأَبْصَارُ وَلَٰكِن تَعْمَى الْقُلُوبُ الَّتِي فِي الصُّدُورِ " (الحج 46)

وقال تعالى: " بَلِ الْإِنسَانُ عَلَىٰ نَفْسِهِ بَصِيرَةٌ " (القيامة 14)

أما **ألنفس** فهي ربما ليست من العالم المادي، أو هي نوع من أنواع الطاقة من عالم آخر والتي للأن يحتار العلم في معرفتها، لكن لها وزن حسب باحد التجارب[33] على رجل خسر من وزنه بعد وفاته مباشرة 22 غرام ,كذلك روى بأن بعض من توفى (ذهبت نفسه -

روحه) من جسده خلال عمليات جراحيه وعادت اليه أنه كان يشاهد ما يفعل به. كما أنه لا تنطبق على النفس قوانين الحياة المادية، فعند النوم لا نشعر بالزمن. قال الله تعالى:

" اللَّـهُ يَتَوَفَّى الْأَنفُسَ حِينَ مَوْتِهَا وَالَّتِي لَمْ تَمُتْ فِي مَنَامِهَا ،..." (ألزمر 42).

وقال تعالى:

" .... وَتَزْهَقَ أَنفُسُهُمْ وَهُمْ كَافِرُونَ " (ألتوبه 55).

زهق أي خرج من الجسد أو تجاوزه الى عالم آخر، فالذي يزهق عندما يموت الإنسان هي النفس، أما الروح فتتلاشى أو تعود الى مصضرها الإلاهي، وعن النفس قال تعالى:

" يَا أَيَّتُهَا النَّفْسُ الْمُطْمَئِنَّةُ ﴿٢٧﴾ ارْجِعِي إِلَىٰ رَبِّكِ رَاضِيَةً مَّرْضِيَّةً...." (الفجر 27-28).

وقال تعالى:

" لَا أُقْسِمُ بِيَوْمِ الْقِيَامَةِ ﴿١﴾ وَلَا أُقْسِمُ بِالنَّفْسِ اللَّوَّامَةِ" (ألقيامة 1-2).

وقال تعالى على لسان سيدنا يوسف:

" وَمَا أُبَرِّئُ نَفْسِي ۚ إِنَّ النَّفْسَ لَأَمَّارَةٌ بِالسُّوءِ .." (يوسف 53).

خلق السماوات وخلق الإنسان هي من الغيبيات التي يؤمن بها المسلم دون تفصيل، لأن

الله لم يشهد أحدا عليها، فقد خلق الله أنفس البشر وصورهم جميعا عندما خلق سيدنا آدم، لنكون من بعد آدم ذريته، قال تعالى يخاطبنا:
"وَلَقَدْ خَلَقْنَاكُمْ ثُمَّ صَوَّرْنَاكُمْ ثُمَّ قُلْنَا لِلْمَلَائِكَةِ اسْجُدُوا لِآدَمَ فَسَجَدُوا إِلَّا إِبْلِيسَ لَمْ يَكُن مِّنَ السَّاجِدِينَ " (ألأعراف 11).

كما أن للأنفس ثلاث مستويات، إعرف النفس التي بداخلك:

أ) **ألنفس المطمئنة** : وهي النفس الراضية، هي الدرجة الأعلى من النفس اللوامة، فقد تعدت مرحلة اللوم، تؤمن بالآخرة ويوم القيامة، هي رحيمة، لا تخاف الموت ولا عذاب الآخرة،لإنها في داخلها أرضت خالقها، وتأمل رحمته وحبه لها ، ترى في القرآن الكريم الهداية وتتفكر في معجزاته وفي نعم الله عليها.

ب) **النفس أللوامة**: هي مقصرة في طاعة الله، فتلوم نفسها، هي تؤمن بالآخرة وبيوم القيامة، تحب الحياة وربما تكون رحيمة، لكنها تخاف الموت وعذاب القبر وحرق جلدها بالنار، لأنها دوما" تخاف الله والعذاب يوم القيامة، وترجو رحمته. لذا هي تؤدي غالبا الى النفس المطمئنة.

ت) **النفس الكافرة**: أي التي كفرت بالآخرة ويوم الحساب، وتقول هذه الدنيا وبعدها لا شئ، أو تحيى سبهللة، أي مختالة غير مكترثه، أوفارغه بدون مبادئ، ربما تكون رحيمة، لكنها تخاف الموت لأنه يفقدها الحياة التي تحبها، بها غصة عند كل فرحة.

أما ألعقل (الدماغ أو مخ الإنسان) فهو مادة حية بوجود النفس فيه، وأعتقد أن باقي المخلوقات كذلك لها نفس في أدمغتها وليس روح، فهي أمم مثلنا ولكن لا نشعربها. **وفي منطقه معينه من أدمغة المخلوقات موقع لنشاط نفسي أو طراز من السلوك يعتمد على الوراثة البيولوجية هي الغريزة**، وهي الطبيعة والقريحة أو السجية التي تصدر منه صفات الخير أو الشر، وموجودة في المخلوق الحي،(هي الفطرة تلك ألتي فطر الله المخلوقات عليها). هذا النشاط موجود في مكان ما في أجسام كل المخلوقات الحية سواء كانت حيوان أم نبات. وهو السبب في التصرف التلقائي المحدود لجميع الأحياء. ولا دخل للروح في ذلك. فالغراب والكلب وألأسد كل له نسبه من النشاط النفسي في دماغه. وكذلك النبات يتكيف مع

اتجاه النور والبيئة وبعضها يصطاد الحشرات بذكاء. وتتفاوت نسبة ونوع الصفات في هذه الغرائز من مخلوق لآخر وحسب نوع المخلوق.

فمثلا": تهاجر الطيور وبعض الأسماك والحيوانات آلاف الأميال وتعود الى مكانها، لأن الله أوجد فيها حاسة للمكان وحاسة الإتجاه بغريزتها. بينما لا توجد هذه الصفة في غريزة الإنسان مثلا، فإذا تاه إنسان في غابة لا يمكنه الإهتداء بدون بوصلة.

طبعا من الممكن أن تكون عند الإنسان أعلى نسبه. فجسد الإنسان يطلب الكثير. لأنه خلق في الأرض ليعمرها ويكون خليفة الله في الأرض...أما الحيوان والنبات ذكائه الغريزي فقط بهدف ألإبقاء على النوع والجنس. كذلك نلاحظ الذكاء الغريزي حتى في البكتيريا والفطريات.

وهنا يمكنني أيضا أن أذهب بعيدا وأعتبر بأن بعض الصفات والمظاهر الفيزيائية للجمادات في الطبيعة هي نوع من أنواع الغرائز التي أوجدها الله، إذ أن بلورات المواد تتشكل حسب نوع المادة، فبلورة ملح الطعام مكعبه وبلورت السكر شكل مونوكلين وبلورة ألسليكون سداسيه، وهكذا أينما كانت في أمريكا أو آسيا. كما أن لكل من هذه البلورات صفات غريزية

محددة تتفاعل مع الضوء ومع المغناطيس ومع الكهرباء بذكاء محدد.

جميع المخلوقات الحية تعمل وتتصرف وفقا لغريزه أو فطره أوجدها الله في تكوينها لأنها شفقت (خافت) أن تكون حرة ألإراده، ما عدا ألإنسان، وافق عليها عندما عرضها الله عليه، لذالك خلق الله الإنسان حر الإرادة ، إنه جهول، فقد رغب أن تكون له إراده غريزية حرة ليعمل ما يحلو له...قال تعالى:

" إِنَّا عَرَضْنَا الْأَمَانَةَ عَلَى السَّمَاوَاتِ وَالْأَرْضِ وَالْجِبَالِ فَأَبَيْنَ أَن يَحْمِلْنَهَا وَأَشْفَقْنَ مِنْهَا وَحَمَلَهَا الْإِنسَانُ ۖ إِنَّهُ كَانَ ظَلُومًا جَهُولًا " (ألأحزاب 72)

لذالك فربما حملنا ألإرادة ونحن كروموسومات (أي من تركيب أل RNA)في ظهر أبينا آدم قبل وجودنا في هذا العالم، والله أعلم.

وبمعنى أعم يمكننا القول بأن الفطرة أو الغريزة هي خلقة لياقة سليمة للمخلوق كي يتعاطى مع البيئة (Common Sense)، هي

حاسة إدراكية للمخلوق كي يتعاطى مع المحيط والظروف التي يعيش فيها، أي أن اللّٰه وضعها في مخلوقه عند ولادة جمعه، كي تكون متطابقة مع منهج المخلوق ألذي خلقه اللّٰه عليه.
قال رسولنا عليه السلام:
" ما من مولود إلا يولد على الفطرة...كما تنتج البهيمة بهيمة جمعاء، هل تحسون فيها من جدعاء؟".

ألعقل
ألشخصية
ألبصيرة
ألروح
ألنفس
ألغريزة
ألجسد

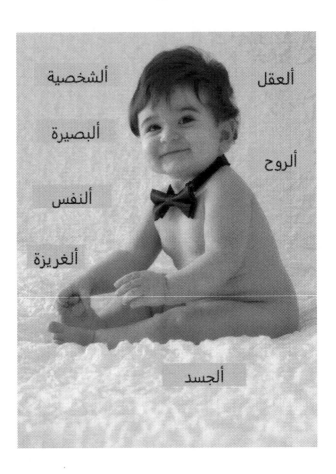

6

طلب العلم فريضه
Knowledge Seeking is
an Obligation

طلب العلم والمعرفة والتدبر بكل ما في هذا الكون، هو فريضة من الله على كل انسان، فقد كرم الله الأنسان على باقي المخلوقات بان نفخ فيه من روحه وخلق فيه البصيرة وجعله عاقل وخليفة له في ألأرض...

ألعلم والعمل أساس الحضارة وتقدم وسعادة ألأنسان وقوته...من أجل ذلك جائت آيات وأحاديث نبويه كثيره لتكريم العلم والعلماء والعاملين:

قال تعالى:

".... يَرْفَعِ اللَّـهُ الَّذِينَ آمَنُوا مِنكُمْ وَالَّذِينَ أُوتُوا الْعِلْمَ دَرَجَاتٍ ..." (المجادلة 11)

"... إِنَّمَا يَخْشَى اللَّـهَ مِنْ عِبَادِهِ الْعُلَمَاءُ ۗ ...(فاطر 28)

وقال تعالى:

" شَهِدَ اللَّـهُ أَنَّهُ لَا إِلَـٰهَ إِلَّا هُوَ وَالْمَلَائِكَةُ وَأُولُو الْعِلْمِ قَائِمًا بِالْقِسْطِ ۚ...."
(آل عمران18).
وقال تعالى:
"...قُلْ هَلْ يَسْتَوِي الَّذِينَ يَعْلَمُونَ وَالَّذِينَ لَا يَعْلَمُونَ ۗ إِنَّمَا يَتَذَكَّرُ أُولُو الْأَلْبَابِ.".
(ألزمر 9).
وقال تعالى:
" وَقُلِ اعْمَلُوا فَسَيَرَى اللَّـهُ عَمَلَكُمْ وَرَسُولُهُ وَالْمُؤْمِنُونَ ۖ...." (ألتوبة 105).

وقال نبينا محمد صلى الله عليه وسلم: "فضل العالم على العابد كفضلي على أدناكم".
وقال أيضا": " طلب العلم فريضة على كل مسلم" .

إذن ما هو العلم وأي علم؟؟

العلم لا ياتي من الأنسان نفسه بل هو من الله يهبه للإنسان إذا سعى له أكان مؤمنا أم كافرا...فالخالق جل جلاله وضع في خلقه للإنسان صفة البصيرة والفكر والتدبر والتعلم...والعلم أصله من الأزل...تراكمت المعرفة وتستمربالتراكم....فهو نطفه أي قطرة من روح الله العالم بكل شئ...والقرآن الكريم

كله علم مركز...وما ندركه كل يوم من إكتشافات علميه، كجاذبية ومغناطيسية ألأرض، ودوران ألأرض والنجوم في أفلاك، وإتساع الكون، وتقلص مساحة اليابسة على الأرض، وغيرها الكثير في الفيزياء والكيمياء والطب وغير ذلك منذ أن خلق الله الأرض وما عليها، إن هي إلا تفاصيل لما بين أيدينا من آيات القرآن الكريم. وهي بمعنى آخر لو تدبرنا بعض آيات القرآن بعمق وبشكل علمي سيؤدي بنا الى فهم علوم كثيرة، أي كلما وعينا وأدركنا وسعينا بالعلم و العمل لظهرت لنا حقائق كثيرة لهذا الكون .

ألعلم كما سمعته من ألشيخ متولي الشعراوي(25) رحمه الله، ذو شقين:
1-العلم بالدين وأصوله...
2-ألعلم بالكون وفروعه من جماد (الشمس، القمر، والفيزياء وو...) ونبات (أحياء ثابته) وحيوان (أحياء متحركه) وإنسان (طب وخلافه) وعمل...

وعلماء الكون بين أيديهم عمليا الملايين من آيات الله ومعجزاته....فإن هم أفلحوا وكانوا ألوا ألباب، إهتدوا إلى الإيمان بالله، ومنهم الكثيرون في هذا العالم، الذين وجدوا معجزات القرآن

الكريم حقائق علمية بين أيديهم فاعترفوا بوجود خالق واحد أحد، أو أسلموا...في عصرنا الحاضرمثل العالم الفرنسي موريس بوكاي[30] وغيره الكثير من العلماء من تايلاند وأمريكا واليابان وكندا وألمانيا واسبانيا، آخرون من علماء العصر الماضي مثل نيوتون ألذي أصبح لا ثالوثيا"[34] و كوب وليام وهنري م.ليون من بريطانيا [45] وآخرون ممن أسلموا و اعترفوا بعظمة رسالة سيدنا محمد صلى الله عليه وسلم، وحتى أن معظمهم غيروا أسمائهم .

7

ألعلم وألإعتقاد والإيمان

Knowledge, Faith & Belief

الإيمان أو ألإعتقاد هو التصديق بالقلب بحقيقة شئ أو هو القبول بحقيقة شئ لا يقع تحت حواس الإنسان أي ربما يرفضه عقلك الواعي وحواسك الخمس. كالإيمان بالله وبالجنة والنار والإيمان بعظمة هذه الدولة، أو ألإيمان بنفسك أنك عندك القدره لتقوم بعمل ما.....ألإيمان هنا هو طريقة تفكير أو هو موقف للعقل أو هو يقين داخلي وهو أن تعلم بأن ما تفكر به مقبول تماما بعقلك الواعي وسوف يتجسد في عقلك اللاواعي وسيكون واضحا".

ألإيمان بشئ ما يصنع المعجزات سواء" كان حقيقه أم كان خرافة !!!

لذلك فالإعتقاد والإيمان بشئ بدون علم أو تعقل أو هداية، سواء كان إعتقادا سلوكيا أو

إجتماعيا أو دينيا من دون مبررات أو براهين أو ثوابت مدروسه هي قوى يمكنها في بعض الأحيان تدمير حياتنا وستكون عقبة في إسعادنا، أو أن تكون سببا" لإسعادنا...

قال تعالى:

" ... قَالُوا بَلْ نَتَّبِعُ مَا أَلْفَيْنَا عَلَيْهِ آبَاءَنَا ۗ أَوَلَوْ كَانَ آبَاؤُهُمْ لَا يَعْقِلُونَ شَيْئًا وَلَا يَهْتَدُونَ"

(آيه 170 البقرة).

لماذا علينا أن نسلم ببعض الأمورطالما هي غير مثبته وغير مجربه وقد وردتنا كعادات وسلوك مجتمعي من مئات السنين، فمن الضروري للأنسان الفطن إعادة دراستها وفحصها بناء" على معطيات حديثه وبناء" على تطور المعرفة لدينا وتطور عقولنا وأفكارنا ومعرفة ما ينفعنا وما يضرنا في واقع أمرنا وملائمته مع الثوابت ألإيمانيه.

ألقرآن كله علم وهداية...لقد وردت كلمة العلم وبعلمون في آيات كثيرة، حيث يميز الله اللذين يعلمون عن الذين لا يعلمون وبعتقدون

بأشياء حسب العادات والتقاليد دون استعمال الفكر...

والعلم ليس فقط بثوابت الدين، بل أيضا" في الطبيعة وألأخلاق وكل ما أوجد الله في هذا العالم، ألعلم أساس الحضارات وتقدم الإنسان وقوته، من أجل هذا جائت آيات وأحاديث كثيره لتكريم العلم والعلماء، قال تعالى:

" ... قُلْ هَلْ يَسْتَوِي الَّذِينَ يَعْلَمُونَ وَالَّذِينَ لَا يَعْلَمُونَ ۗ إِنَّمَا يَتَذَكَّرُ أُولُو الْأَلْبَابِ " (الزمر 9)

" شَهِدَ اللَّـهُ أَنَّهُ لَا إِلَـٰهَ إِلَّا هُوَ وَالْمَلَائِكَةُ وَأُولُو الْعِلْمِ ...". (أل عمران 18)

" ... إِنَّمَا يَخْشَى اللَّـهَ مِنْ عِبَادِهِ الْعُلَمَاءُ ۗ إِنَّ اللَّـهَ عَزِيزٌ غَفُورٌ ".(فاطر 28)

لقد قيل "العلم نور، والجهل ظلام" وقيل أيضا": "ألجهل نقمه والعلم رحمه".

لذلك فإن طلب العلم بالإسلام أعتبر فريضه، وليس المعنى علم الطبيعه والطب فقط بل العلم بما نقوم به في حياتنا من تصرف وسلوك ومعرفة مدى صحته وتوافقه مع منهج الله .

بكل بساطة "العلم يعطينا سعادة" "Knowledge give us Pleasure".....حتى لو صنعت لنفسي كوبا من ألقهوة...سأحتسيه وأنا سعيد لأنني أعلم ما فيه وكيف صنعته.

من حكم علي إبن أبي طالب كرم الله وجهه:

"فز بعلم تعش حـــــيا" به أبدا
فالناس موتى وأهل العلم أحياءُ"

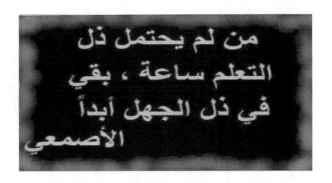

8

خملة العقيدة
Sluggish Doctrine

عندما كنت شابا" أدرس في فينا /
النمسا...ولم أكن وقت ذلك أتدبر القرآن..
طفقت أبحث عن مبدأ أو دين أفهمه... فوجدت
مجموعة من الناس ممن يعتنقون الديانه
المورمونيه، وكانت بعض معلوماتهم منطقيه،
لكن كان هنالك أشياء تحتاج الى التوضيح. قال
لي القسيس بعد أن أمطرته بالأسئله
والإستفسارات عن أمور غامضه ومتناقضة في
عقيدتهم، مثل وسيلة ألأوامر الإهية بين الحين
والآخر واختيار النبي، قال: سلم أولا"بعقيدتنا
دون تفكير طويل، عندها ستؤمن بها...فلم أقتنع
ولم أؤمن بعقيدتهم.
بينما في ديننا الإسلامي يأمرنا الله تعالى في
مواقع كثيره، أن نستعمل عقولنا لنؤمن:
"لعلهم يعقلون" وردت 22 مره.
"يبصرون" وردت 13 مره.
" يتفكرون" وردت 11 مره.
" يتدبرون" وردت مرتان.

هذا لكن الأوامر والنواهي الإلاهية في القرآن الكريم، هي من خالق لمخلوق لا يستوون، فهي يجب أن تطبق دون جدل، ومزاياها ممكن تعرف بعد التطبيق، و يمكننا تتدبر خواطرها في عقولنا.

ألدكتور سيرجي سافيليف (باحث روسي، رئيس مختبر تطوير الجهاز العصبي بأكاديمية العلوم الروسية) في أعصاب الدماغ[23،22] يقول لنا: أنه عندما نفكر نستهلك أكثر من 25% من طاقة الجسم في إشغال التفكيرللدماغ، لأن أعصاب الدماغ تصبح عامله بكل طاقتها...بينما إذا سلمنا بأمور دون إمعان التفكير يصبح إستهلاك الطاقه للتفكير أقل من 8% وباتالي تضمحل أعصاب الدماغ، وتفرز مواد كيماويه تخدر الدماغ ويصبح الإنسان خامل الذهن أي من ألخملة أي الذين لا نباهة لهم (ألرعاع).

والناس ثلاثة أصناف هم: **العالم** : وهو الشخص المتمكن في مجال أبحاثه فقط.

والمتعلم : وهو الشخص الذي يبحث و يتلقى المعلومات والخبرات من شتى المنابع حتى تمكنه من فهم الحياة، وكلاهما العالم والمتعلم يطوران قدراتهما الإدراكية على التفكير ، والصنف الثالث هم **الخملة:** أللذين لا يحاولون الفهم والامعان فيما يدور حولهم، ويتقبلون ما

يقال لهم دون اشغال فكرهم، وهم كثر. الخملة يسهل قيادتهم كقطيع من الاغنام ، فهم لا يستعملون عقولهم لفهم ما يدور حولهم وفهم ما يقال لهم، وخملة الناس يسلمون لإمور كثيرة لمجرد أن الأغلبية موافون عليها، هكذا كان آبائنا وإنا على آثارهم مقتادون.

الخاملون يتركز في أذهانهم الصدأ، أي كالحديد عندما يصدأ إذا تعرض للرطوبة فيبطل استعماله، وهو التأثيرات الناتجة عن الفقر المعرفي والتصحر القرائي، وهو تفاعل العقل مع الركود الذهني، فيجعل العقل مرتاحا" بتوقفه عن التفكير، وفي اللغة العامية نقول أن هذا الشخص عقله مصدي.

علم الفلسفة الحديث يعرف التفكير[24] بأنه **"عمليه إدراكية منظمه هادفه نستعملها لفهم العالم حولنا لإستنباط القرارات"**. والتفكيرأو التبصرالذي هو خاصية أساسيه منحها الله للعقل البشري، يتطور معنا بمرور حياتنا، لنستخدمه في حل المشكلات التي تواجهنا في الحياة الدنيا، كما أنه باستطاعتنا تطوير قدرتنا على التفكير بطرق منهجية منظمه:

1) تركيز إنتباهناعلى كل ما يدور حولنا وفحص أفكارنا وأفكار الآخرين في مواضيع تهمنا.

2) خلق حس فكري فينا وذلك بالتدرب على التفكير وكيف ينظر الآخرون الى موضوع معين، وبكثرة القراءة والمشاهدة.

وعلم النفس يميز أنواع من التفكير منها:
أ) التفكير التقليدي (Traditional Thinking) او التفكير الخرافي: ويستعمله الناس كتقليد أعمى لإراحة دماغهم، فهو بسيط، ساذج، لا يعتمد على أسباب علميه أو منطقية، وهذا يشمل تفكير نسبه عالية من المجتمع، أو ما يوصف بالتفكير الخامل.

ب) ألتفكيرالحرج أوالنقدي (Critical Thinking) أو التفكير العلمي، وهنا يعتمد الفرد على إفتراضات شخصية وعلى آراء آخرين لتحدي الأفتراضات وتحديد أهميتها والوصول الى خلاصة بحكم عقلاني، وهذا يشمل كثير من العلماء والمفكرين والمتعلمين. هذا التفكير يزيد من استهلاك الطاقة اللازمة للدماغ فيوسعه ويخلق الإنسان الناضج الخلاق المفكر. وهذا هو التفكير الذي يطلبه منا دوما رب العالمين، لنثبت إيماننا ونتيقن بوجود الله خالق كل شئ يطلب منا إمعان الفكر والتدبر

والتبصر بما نرى من مخلوقات ومعجزات يذكرها الله بالقرآن الكريم، ما هي، ولماذا هي هكذا وكيف وجدت ولماذا.

ت) ألتفكير الإبداعي (Creative Thinking)
أو الفلسفي، وهو العملية التي تعزز من تطوير أفكارجديدة وفريدة للحصول على حلول لمشاكل، أو إختراعات. وهذا يشمل المخترعين والذين لهم الجرأة على التحديث في المجتمعات، وهم قلائل.

أرجو من الله أن يكون فكرنا دائما "حرج" ونتدبر في ديننا وفي كل أمور حياتنا.

أسلوب التفكير
التفكير الإبداعي
التفكير الموضوعي
التفكير الناقد
التفكير الإيجابي
التفكير الواقعي

9

ألقضاء والقدر

Destiny

سمعت من يقول:

إذا كان الله قد قدر لي أفعالي....فلماذا يحاسبني؟

وإذا كان كل ما يجري في الدنيا بمشيئة الله، فما ذنب البشر؟؟

الجواب: نعم مع الفارق: أن ما يفعله ألإنسان **من إرادة نفسه** وليس للقدر دخل فيه. وكون الله يعلم ما سنفعله وما سوف يحصل، لا يعني أنه فرضه علينا.

أن يكون المخلوق حر الإرادة في الحياة الدنيا هي أمانة، لقد شفقت أو خافت جميع مخلوقات الله من أن تكون مركز ثقة عند الله حتى تكون حرة الإرادة وتحمل هذه الأمانة ما عدا الإنسان، فهو يرغب أن يكون له حرية التفكير. لذلك فحرية التفكير وهبها الله للإنسان

فقط ووضعها في تكوين كروموسوماتنا في خلقة جدنا آدم، و جعل الله ضميرالإنسان ونيته خاصة به لوحده، وهو مسؤول عنها. أما باقي المخلوقات الأخرى فخلقها الله بفطره أو غريزة مسيرة. قال تعالى :

" كُلُّ نَفْسٍ بِمَا كَسَبَتْ رَهِينَةٌ" (المدثر38).

" إِنَّا عَرَضْنَا الْأَمَانَةَ عَلَى السَّمَاوَاتِ وَالْأَرْضِ وَالْجِبَالِ فَأَبَيْنَ أَن يَحْمِلْنَهَا وَأَشْفَقْنَ مِنْهَا وَحَمَلَهَا الْإِنسَانُ ۖ إِنَّهُ كَانَ ظَلُومًا جَهُولًا " (ألأحزاب 72).

حتى أن ألفيلسوف فرويد[15] الغير مسلم قال أن ألغريزه هي خام، وإرادة الإنسان تتحكم فيها.

من أركان الإسلام أن نؤمن بقضاء الله خيره وشره ...هل الإنسان مسير أم مخير؟... الله يقضي وهو يقدر...لفهم ذلك علينا فهم تكوين الأنسان... وهنا أقتبس من أفكار المرحوم الشيخ محمد متولى الشعراوي[16]...فقد قدر الله للانسان منطقتان تتحكمان بقدره:

1- **ألأولى** يكون الإنسان فيها مسير....الله يقضي ويقدر...."....يبسط الرزق لمن يشاء ويقدر.."...
في كل ما يقع **في الانسان** من أعضاء جسمه الداخلية أو يقع **عليه** من خارجه دون إرادته، فهو مسير ولا حول ولا قوة له في ذلك... حيث وضع له قوانين وقواعد ذكرتها في هذا الكتاب، فإذا التزم بها رضي وسعد في حياته وهون الله عليه المقدر له كيف كان ... وإن خالفها تعست حياته وشقي، وله معيشة ضنكا، حتى لو حصل على ما تمناه من مال ووجاهة. قال تعالى:
" وَمَنْ أَعْرَضَ عَن ذِكْرِي فَإِنَّ لَهُ مَعِيشَةً ضَنكًا وَنَحْشُرُهُ يَوْمَ الْقِيَامَةِ أَعْمَىٰ ". (طه 124)

2- **والمنطقة ألثانية** تتناسب مع بصيرته ويكون فيها ألإنسان **مخيَّر**....وهي الفعل الذي **يقع من ألإنسان بإرادته** واختياره، ويكون الإنسان هنا مكلف أي مخير فيما يعمل...فما يقع من النفس – دون الوجود المادي – التي قد منحها الله وانفردت بحرية الإراده...فلا شيء يحول بين ما يضمر الإنسان في نفسه وما يفعله ...

فأفكارك تولد معتقداتك والتي بدورها تولد **كلماتك**...وهذه تتبعها **أفعالك** التي تحدد **عاداتك**...وعاداتك توصف **شخصيتك** وتصرفاتك التي تؤدي بك الى **مصيرك** خيرا أو شرا"...

أما حينما نقيم في أنفسنا ضوابط الشهوات التي وضعها الله لنا في ديننا وفطرتنا السليمه ...نكون قد ضمنا قضاء الله لنا بالسعادة واصبحنا أسياد أنفسنا لا عبيدا لشهواتنا وذلك بمشيئة الله...قال تعالى:

" فَأَمَّا مَنْ أَعْطَىٰ وَاتَّقَىٰ ﴿٥﴾ وَصَدَّقَ بِالْحُسْنَىٰ ﴿٦﴾ فَسَنُيَسِّرُهُ لِلْيُسْرَىٰ ﴿٧﴾ وَأَمَّا مَن بَخِلَ وَاسْتَغْنَىٰ ﴿٨﴾ وَكَذَّبَ بِالْحُسْنَىٰ ﴿٩﴾ فَسَنُيَسِّرُهُ لِلْعُسْرَىٰ ﴿١٠﴾" (ألليل 5- 10).

يعني أن الله ترك دائما للإنسان حرية المبادره **والعمل** بنيتنا ثم بعد ذلك تأتي مشيئة الله بقضاءه فيزيدنا **هدى** أو ضلالة حسب **النيه**..."وهديناه النجدين"..." فألهمها فجورها وتقواها"...يعني أن قدرالله يكون من نتاج نيه

النفس ..."وما تشائون إلا أن يشاء الله"... يعني يأتي قدر الله.

وطالما أن الله منحنا كما أردنا جزءا" من ألحرية في ما نريد، فقد فرض علينا مسؤولية جسيمه....فهي حرية مسؤولة عما نفعل....وطبعا المسؤولية يتبعها التقييم والمحاسبة.

خلاصة ذلك أن حرية الإنسان حقيقة بالرغم من ما يمكن أن يتواجد حولها من حدود ومقاومات.

أما ما نحسبه فلاح بكثرة المال والجاه فهو للتقييم وإمتحان من الله في الدنيا، كما أن الفقر والعازه هم أيضا" تقييم وإمتحان، قال تعالى:

" فَأَمَّا الْإِنسَانُ إِذَا مَا ابْتَلَاهُ رَبُّهُ فَأَكْرَمَهُ وَنَعَّمَهُ فَيَقُولُ رَبِّي أَكْرَمَنِ ﴿١٥﴾ وَأَمَّا إِذَا مَا ابْتَلَاهُ فَقَدَرَ عَلَيْهِ رِزْقَهُ فَيَقُولُ رَبِّي أَهَانَنِ ﴿١٦﴾ كَلَّا ..." (ألفجر 15-16).

فظلم الآخرين والغيره والحسد وحرية لعب القمار وتعاطي الخبائث وو....هي درجات من الأنتحار واهدار الحياة والحريه...يقضي بها الله لنا التعاسه...

مثلا: عامل يهمل في العمل الموكل اليه....ألنتيجه: يرفد من عمله.

تاجر يغش في بضاعته....النتيجه: تبور بضاعته....

إنسان كل كلامه كذب.....ألنتيجه : يكتب عند الله وعند من يعرفه "كذابا""...فيخسر ثقة الناس به ويخسر إحترامهم له.

مدير ظالم .... النتيجه لا إخلاص في العمل من موظفيه..

أريد أن أحرق بيتا"، أنا من يعطيه عود الكبريت...تبدأ النار في العمل، فهي قانون كيميائي أوجده الله بين الماده والأكسجين، لكنني أنا ألذي قررت حرق البيت...

أما أن تشكر الله على ما أنت فيه، وترأف بخلق الله، وتطلب الخير للجميع، وتترك الغيبة والنميمة والمكر، وما يغضب الله، كل ذلك في

إبتغاء مرضات اللهِ... سيعود ذلك عليك بالخير والراحة والطمأنينة، وأكثر من ذلك ستكون سعيدا في كل ظروف حياتك....لأن الله أحبك وتولى أمرك.

10

ألكتاب المقدس

The Divine Book

ألقرآن الكريم هو كلام الله عز وجل، وهو ليس مخلوق كما إدعى المعتزلة أيام الخليفة المأمون، لأن مخلوقات الله لها عمر وتنتهي، أنا أنظر فيه كلوحة معجزه، فكل كلمة و حرف في موقعه له معنى خاص به، القرآن الكريم فيه ألآف ألصور التي أبدعها الله في كتابه، هي صورفي العلم والأخلاق وعبرللعالمين في الماضي والحاضر والمستقبل، لا يمكن لأحد تأويلها إلا الله، ولكن في كل عصر يمكننا التأمل ومعرفة خواطر ما تعنيه كل آية لذلك العصر، قال تعالى:

"... وَمَا يَعْلَمُ تَأْوِيلَهُ إِلَّا اللَّـهُ ۗ وَالرَّاسِخُونَ فِي الْعِلْمِ يَقُولُونَ آمَنَّا بِهِ كُلٌّ مِّنْ عِندِ رَبِّنَا ۗ وَمَا يَذَّكَّرُ إِلَّا أُولُو الْأَلْبَابِ " (آية 7 آل عمران).

لذلك فالقرآن الكريم كتاب أزلي لكل زمان ومكان، لذلك فأنا أعتقد أنه من الصعب فهم خواطره في الزمان الحالي وتطبيق ذلك على

كل ألأزمنه، **بإستثناء الثوابت في شريعته**; كثوابت الدين مثل العبادات وأحكام الإرث وموقف الدين من المرأة واليتيم والشورى.... لكن يمكننا أن نأخذ بخواطر معنى الآيات. لذلك اجتهد المفسرون الكرام، وبعون الله، وأوضحوا لنا بعض المعاني الغير واضحة لعصرنا، أو التي ربما من الصعب ألإقتناع بها في زمننا هذا، قال تعالى:

" لِّكُلِّ نَبَإٍ مُّسْتَقَرٌّ ۚ وَسَوْفَ تَعْلَمُونَ " (ألأنعام آيه 67) .

" إِنْ هُوَ إِلَّا ذِكْرٌ لِّلْعَالَمِينَ ﴿٨٧﴾ وَلَتَعْلَمُنَّ نَبَأَهُ بَعْدَ حِينٍ " (ص آيه 87-88) .

" وَقُلِ الْحَمْدُ لِلَّهِ سَيُرِيكُمْ آيَاتِهِ فَتَعْرِفُونَهَا ۚ ....." (النمل آيه 93).

فالكثير من آيات القرآن يصعب لأحد تفسيرها بالمعنى الحرفي حتى لو إمتلك موهبة لمعلومات ضخمة في اللغة العربيه والحديث الشريف وعلم الطبيعة وعلم النفس وعلم الإجتماع وعلوم الحياة وعلوم حياة الشعوب...ولكن يمكننا إدراك بعض الخواطر والعبر، فنقول آمنا بالله. ولأن القرآن الكريم كتاب دين واسلوب حياة، وليس كتاب فلسفة، فإنه يكتفي بالومض والرمز والإشارة والتلميح في معظم آياته وقصصه.

عندما أتدبر قراءة القرآن وأنظر الى تفسير بعض المفسرين، تمر بذهني خواطر لطيفه:

هل منهج واصطلاحات الآخرة يمكن فهمها كما هي في الدنيا ؟؟؟ طبعا لا، ففي الآخره حور عين، وأنهار من لبن وعسل....!! ماذا لو ان أحدا" لا يطيق العسل!! هل هنالك حساب للزمن في الآخرة؟ هل نشيخ؟ هل نجوع؟ هل أن في الآخرة لكل سبب مسبب؟

فمثلا": لكل نظام حركي زمن مختلف عن أي نظام حركي آخر! لهذا فالزمن الدنيوي غير زمن ألآخره! والله أعلم. وبمعنى آخر عندما ندخل في حلم ونحن نيام، يكون زمننا غير الزمان في فترة اليقظة. في الحلم ربما تعرض علينا أحداث ومعلومات مدتها سنوات، لكن مدة النوم تكون ربما أقل من نصف ساعة.

منذ أن خلق الله ألإنسان وضع له كتبا سماوية والقرآن كمنهج لحياته في دنيا الإمتحان فقط...!!!! وهذا المنهج ربما لا ينطبق بعد الحساب على الحياة الآخره...! قبل سيدنا محمد صلى الله عليه وسلم **كان الله يبعث رسولا" لكل أمة بتعليمات ومنهج مبسط يتناسب مع قدرتهم المعرفية وظروف معيشتهم**، وكانت رسالة

سيدنا محمد عليه الصلاة والسلام هي الخاتمة لكل زمان ومكان .

لذلك فان فهم خواطر الآيه القرآنيه يكون حسب المستوى العلمي والثقافي لمن أراد فهم مغزاها، وفهمها يهدينا الى خواطر لتكون حياتنا أسعد....شعوب الزمن الماضي إهتدت لبعضها وفهمت حسب مستواها الثقافي والعلمي....أما نحن شعوب الحاضرفقد فككنا بعض مدلولات وخواطر آيات....وسيكتشف أحفادنا وأحفاد أحفادنا خواطر ومدلولات أخرى تساعدهم على فهم حياة أفضل ليعيشوا سعداء....

ربما يقول قائل أن القرآن الكريم كله كلام عن النار والعذاب والويل...نعم فيه تحذير كثير للذين لا يعقلون ولا يتفكرون، بينما فيه أكثر من المعاني العظيمه وحكم ومواعظ وأخلاق، وفيه معجزات علميه للذين يعقلون ويتدبرون، قال تعالى:

".... وَمَا يَجْحَدُ بِآيَاتِنَا إِلَّا كُلُّ خَتَّارٍ كَفُورٍ " (آيه 32 لقمان).

عدد آيات القرآن ألكريم[4] هو 6236 آيه، منها آيات التشريع 535 آيه، ولكن في القرآن

العظيم حوالي 1395 أو أكثر من آيه تتكلم عن العلم والمعرفة والإبصار والتذكيربالمعجزات التي خلقها الله فينا وحولنا. أما معظم الباقي فهو قصص حقيقية لشعوب مضت فيها عبر وحكم للإتعاظ وأخرى للتدبر في حكم الله .

لقد وضع الله فطره للإنسان في كروموسومات تكوينه منذ زمن سيدنا آدم، ومنه إنتقل هذه الشيفرة لكل ألامم في هذا العالم من نسل آدم عليه السلام. وكل صفة من هذه الفطرة لها سبب وهدف، فحتى نأكل تفاحة علينا أن نزرع شجرة تفاح، وأكل التفاحة ضروري لنمونا، كذلك لنتكاثر يجب أن نجد شريك، والجنس هوغريزة أو فطرة للتكاثر، وهكذا.......

لكن الله وضع في قرآنه أيضا" ضوابط وقوانين لتهذيب كل صفه من صفات الغريزة...فمثلا" قال تعالى في موضوع الغضب :

"....ادْفَعْ بِالَّتِي هِيَ أَحْسَنُ فَإِذَا الَّذِي بَيْنَكَ وَبَيْنَهُ عَدَاوَةٌ كَأَنَّهُ وَلِيٌّ حَمِيمٌ " (فصلت 34)

أما عالم الآخره فهو عالم آخر فالأسباب لا تحتاج الى مسبب ، أنت ستعيش أبدا"، لا تشيب، ولا تحتاج للنمو أو للتكاثر، إذا رغبت تفاحة تشعرها بفمك....أشياء كثيرة من الصعب أن ندركها...والله أعلم...

إذن فقوانين ألآخرة ليست هي كقوانين الدنيا. ومحاولاتنا لفهم الدار الآخرة بمفاهيمنا الدنيوية لن يكون صحيحا". ففي القرآن الكريم وضع لنا ربنا محاكاة (Simulation) لما سنكون فيه في الجنة والنار، حتى يمكن للإنسان إستيعاب ذالك، فانهار اللبن والعسل والياقوت والمرجان والحور العين، ليست هي تماما" كما في الحياة الدنيا.....ونار الآخرة ليست كنار الدنيا....هي محاكاة ليسهل علينا إستيعاب المعنى. وهنا يحتاج الإنسان الى قوة الإيمان بالله وكتابه واليوم الآخر من دون أن يكون عنده القدرة على الخوض في فهم التفاصيل:

" وَعِندَهُ مَفَاتِحُ الْغَيْبِ لَا يَعْلَمُهَا إِلَّا هُوَ ۚ ..." (ألأنعام 59).

ولكن طالما آمنا بأن القرآن الكريم من عند الله، لزم علينا أن نؤمن بالغيبيات التي أخبرنا الله بها:

" الَّذِينَ يُؤْمِنُونَ بِالْغَيْبِ وَيُقِيمُونَ الصَّلَاةَ
...... أُولَٰئِكَ عَلَىٰ هُدًى مِّن رَّبِّهِمْ ۖ وَأُولَٰئِكَ هُمُ
الْمُفْلِحُونَ "   (ألبقرة 3-5).

11

قوانين ألحياه

Laws of life

لماذا يصبح انسانا غنيي وآخر فقير , لماذا ينجح فلان في الوصول الى ما يتمناه ويفشل آخر، لماذا هذا سعيد وأنا شقي...

نحن نعيش في كون أوجد الخالق له قوانين وموازين في كل شئ، إنها آيات لقوم يعقلون، وللإجابة على الأسئلة السابقة يتوجب علينا أن نفهم قوانين الحياة، وبالذات قوانين الطاقة في النفس البشرية :

قوانين الحساب: 2 ضرب 3 يساوي 6 ، قوانين الفيزياء: الضوء يسير في خط مستقيم ، قوانين التفاعلات الكيميائيه: $(2H_{2}{}^{+}{}_{g}\ +O_{2}{}^{-}{}_{g}=H_{2}O_{l})$....

قوانين الكون: والشمس والقمر "كلٌ في فلك يسبحون"، "والشمس تجري لمستقر لها"...

قوانين الأخلاق: ابتسم في وجهي أبتسم في وجهك....أكذب على سأفقد ثقتي بك

وسوف لن اصدق كلامك. أضمر لي شرا"،
سيحدث لك شرا" آجلا" أو عاجلا" ....
وجميع هذه القوانين مطلقه وغير منحازه
الى عرق او لون او دين لا تفرق بين مؤمن
وكافر ...
قال تعالى:
" اللَّهُ الَّذِي أَنزَلَ الْكِتَابَ بِالْحَقِّ
وَالْمِيزَانَ ۗ ..." (آية 17 الشورى).
" وَالسَّمَاءَ رَفَعَهَا وَوَضَعَ الْمِيزَانَ" (آية 7
الرحمن).
"لَقَدْ أَرْسَلْنَا رُسُلَنَا بِالْبَيِّنَاتِ وَأَنزَلْنَا مَعَهُمُ
الْكِتَابَ وَالْمِيزَانَ ..." (آيه 25 الحديد).
"وَالْأَرْضَ مَدَدْنَاهَا وَأَلْقَيْنَا فِيهَا رَوَاسِيَ
وَأَنبَتْنَا فِيهَا مِن كُلِّ شَيْءٍ مَّوْزُونٍ "
(آيه 19 الحجر).

كذلك يخبرنا الخالق في سورة يس الآيه
36 أنه خلق ألأحياء كلها في توازن بين ذكر
وأنثى:
" سُبْحَانَ الَّذِي خَلَقَ الْأَزْوَاجَ كُلَّهَا مِمَّا تُنبِتُ
الْأَرْضُ وَمِنْ أَنفُسِهِمْ وَمِمَّا لَا يَعْلَمُونَ ".

النفس أيضا" لها قانون الجاذبيه المطلق
بين شخص وآخر.   قانون الجذب(7) –كما

يسمى- ليس فقط بين الجسم المادي والأرض، بل كذلك بكل الأجسام على سطح الأرض، لأن الأجسام بها طاقة ولأن الجذب ينبع من الطاقه الموجودة في الأجسام، وقوة الجذب تتناسب طرديا مع حاصل ضرب كتلة الجسمين مقسومة على مربع المسافة بينهما.

كذلك فالقمر يدور حول الأرض، والأرض تدور حول الشمس، لكن القوة الطاردة المركزية ستبعد القمر عن الأرض كلما فقد مركز الجذب شيئا" من طاقته، وعلى نفس المبدأ ستبعد الأرض عن الشمس، أي بعد مئات السنين ربما سيصبح اليوم 25 ساعة والسنة 13 شهرا، هذه قوانين الله الخالق.

كذلك قوانين الطاقة، حتى الطاقة الموجودة في الحركة والصوت والضوء والأشعة، فالطاقة تتكون من موجات تردد أو ذبذبات لها طول وعرض وسرعة مميزة، كالطاقه المنبعثه من الهاتف الخلوي الذي نحمله.

أنني أعتقد بأن النفس هي نوع من أنواع الطاقه، وباختلاف التردد يختلف البث أو الارسال، ولكل نفس موجات خاصة، وبالتالي يختلف البث و المستقبل لهذا الإرسال....والله

أعلم. **ونقطة الإستقبال والإرسال في الإنسان لترددات ألأفكارهي العقل الباطن (أو العقل الاواعي) كما عرّفه علماء النفس**، فعندما نفكر نستهلك طاقة من أجسامنا ونبثها بصوره معينه تنطبع هذه الصوره في عقلنا الباطن وتبدأ بارسال ترددات معينه، الصوره ممكن تكون صوره محببه أو صوره شريره, وكلما غيرنا الصورة التي في أنفسنا تغيرت الترددات.. قال الرسول عليه السلام: "تفائلوا خيرا" تجدوه".

هل سبق أن لاحظت أن ما تحتاج اليه قد يحدث لك؟ أو ربما ظهر أمامك شخص كنت قبل وهلة تفكر فيه؟ أو ربما وجدت شريك حياتك وفوجئت بأن له بشكل أو بآخر صلة بحياتك دون علمك المسبق؟ أو أنك ذهبت الى المكان المناسب في الوقت غير المناسب؟. كل هذه إثباتات بأن قانون الجذب يعمل في حياتك. وهنا يمكننا تعريف قانون الجذب للإنسان بأنه **القانون الذي جذب الى حياتك إيجابيا" كان أم سلبيا"** (36،37) **الأفكار المسيطرة على عقلك.**

ألصوره التي في خيالنا ممكن تكون النقود التي نحلم بها وطريقة جمعها أو الشهادة التي نطمح اليها أو البؤس الذي نحن فيه أو....

مما سبق ذكره أنا أؤأكد أنه **لا يوجد شئ في الحياه إسمه الحظ أو الصدفه، ألإيمان**

بالحظ وبالصدفة هي شماعة للفاشلين. فكل ما يجري حولنا له قوانين وضعها خالق هذه الحياة، فكل ما يحدث في الوجود أو في أنفسنا يخضع للترددات المنبعثه من عقولنا خيرا أو شرا كانت، حتى نكون سعداء علينا محاسبة أفكارنا تجاه أنفسنا وتجاه الآخرين، هل هي خيرا أم شرا".

شخصية الإنسان تكون داخل نفسه، هي القيم والمبادئ التي يضعها لنفسه، وهي المفاهيم التي من الصعب تغييرها، والشخصيه تحدد سلوكنا الظاهر، الذي هو تصرفاتنا، يمكن لتصرفنا أن نغيرها حسب الموقف. فلاسفه كثيرون يبحثون العلاقه بين أفكار الإنسان وأعماله، وبين شخصية الإنسان وسلوكه. **إن أفكارنا تحدد شخصيتنا التي تصبح كلمات والكلمات تتحول الى أفعال التي بدورها تشكل العادات والسلوك الذي بدوره يحدد مصير الإنسان** بتفاعله مع الكون من حوله في شتى الظروف ألطيبة والصعبة، يعني <u>**لا حظ ولا صدف**</u>، فلكل حدث سبب قبله ولو قبل حين:

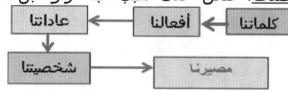

75

لم يستطع ألعلم حتى الآن أن يحصل على
تفاصيل كثيره عن أسرار وأنواع المرسلات
والمستقبلات لقوى ألجذب والطرد المادية
والنفسية، ولكن علينا فهم طريقة استغلالها
لمصلحتنا، والأنسان الفطين يستعملها
لصالحه....
فمثلا" كان قانون الجاذبيه الأرضيه سببا"
في تدفق ألماء من ألأعلى إلى ألأسفل،
فاستخدم الأنسان طاقة الوضع المختزنه في
الماء العلوي في إنتاج طاقه كهربائيه لنعيش
حياة أفضل...بينما ألقى إنسان شقي غير فطين
بنفسه من أعلى السطح وأفرغ طاقة الوضع
المختزنه في جسمه فمات....
كذلك تبسمك في وجه أخيك يرتد تبسما من
أخيك بوجهك، واستخفافك بأخيك سيرتد اليك
استخفافه بك، حب الخير لغيرك يأتيك الخير
كله....قانون!
وهنا أعود الى ماهية أفكارنا في عقلنا
الباطن والواعي، إذا إستمررنا في التفكير
ألإيجابي لنحلم ونؤكد لأنفسنا بأننا قطعا سنكون
أغنياء لا نقلق حيال ذلك، ونعمل جاهدين على
ذلك بشتى الوسائل، فإننا فعلا وبعد سنوات
سنصبح أغنياء، لكن عندما تصبح الثروة ملك
أيدينا وتتبدد فكرة أننا نحن أغنياء وتحل مكانها

باستمرار أفكارتقلقنا، ماذا لو فقدنا ثروتنا وهل سنعود فقراء ، بعد سنوات ستزول الثروه ونصبح فقراء. لهذا يجب دائما أن تكون أفكارنا إيجابيه ، نؤمن ونحمد الله تعالى ولا نخشى الفقر. توقع دائما ما تريد ولا تتوقع ما لا تريد. قل دائما الحمد لله على ما منحك إياه. قال تعالى:

" وَإِذْ تَأَذَّنَ رَبُّكُمْ لَئِن شَكَرْتُمْ لَأَزِيدَنَّكُمْ ۖ وَلَئِن كَفَرْتُمْ إِنَّ عَذَابِي لَشَدِيدٌ " (إبراهيم 7)

أما ما يحدث للإنسان من بلاء دون إرادته فهي إمتحان من الله، والله أعلم بحكمته.

عندما كنت في سن الخمسين أصابني مرض ألروماتود أرثرايتس، وصرت أمشي بالعكازات، وأصعد الدرجات بصعوبه ، ولا أستطيع حمل محرمه ورق رقيقه بين أصابعي، ودخلت المستشفى وأصبحت أسيرا للعلاجات، وقيل لي أن هذا المرض سوف يصل الى الرئتين والقلب وتكون النهاية. عندها قلت لزوجتي أن حلمي عند تقاعدي كان أن أطوف العالم معك، ولكن يظهر أن المقدر غير ذلك... مرت أشهروقلت في نفسي أنني سأقوى على هذا المرض، ورسمت في مخيلتي كيف أنني

رغم ألألم ساسير واقفا بدون مساعده، وسأتناول شرابي وطعامي بنفسي، وسوف أمارس الرياضه المطلوبه، وسأعيش سعيدا، كنت بداخلي مقتنعا بذلك لأنني أثق بالله وبنفسي ولم أكن خائفا من النتائج، وعملت غلى ذلك...وإذا بالمرض يختفي ، وأصبحت أتنقل بين أقطار ألعالم.. ..إن أي مرض عضال يمكن للإنسان علاجه من داخل نفسه، واباتباع الحميه الصحيحة وأخذ الأدوية المناسبة. إن الإنسان نتاج تفكيره[8] .

قانون السبب والمسبب

لا شيء يحدث بالصدفة فلكل حادث سبب مرتبط به ولو قبل أو بعد حين

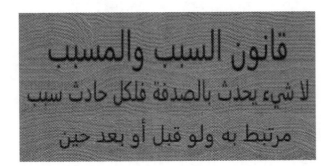

12

قوة ألعقل الباطن

Power of Subconscious Mind

دماغ الأنسان يعمل في خطين:

1) **العقل الواعي**: وهو العقل المسيطر بالتفكير المنطقي، يختار ويقرر بارادته ما يناسبه ويقرر ما يريده ويحدد ما يؤمن به وما هي معتقداته. وهو المدير والمرشد لجميع العمليات الأدراكية من خلال الحواس الخمسة. ويعمل فقط عندما يكون ألإنسان صاحيا".

2) **العقل ألباطن أو أللاواعي**: يتقبل كل ما يعطى اليه أو يؤمن به العقل الواعي دون تفكير او تحليل، فهو كتربة الأرض ما يزرعه العقل الواعي فيه يحصده. اللآواعي يعمل 24 ساعة فهو يشرف أيضا" على عمل أعضاء الجسم الحيويه كالقلب والتنفس والهضم ألخ...

قرأت كتاب (The power of your subconscious Mind) لعالم ألاهوت جوزيف

مورفي[13] وألذي يتحدث عن قوة عقلنا الباطن (العقل اللاواعي)، ويخوض بتفاصيل تأثير العقل أللاواعي على حياة الإنسان؛ سعادته وشقائه. إذن كيف يمكن للإنسان إستخدامه : يطوعه ويستخدمه في تحقيق ما يتمنى ليسعد، وقد عرض في كتابه كما هائلا من التجارب العملية التي أثبتت ذلك، كما يتحدث عن طرق وأساليب شتى يستطيع ألإنسان بعقله الواعي إقناع عقله الباطن بتحقيق رغبة ما....ويعطي في كتابه أمثله واقعية يقول أنها مجربه...لكنني لم أقتنع تماما بالمبررات ألبسيكيولوجية التي أوردها هو حسب إعتقاده...وحين ناقشت ألأمر مع زوجتي ذكرتني بالآيه القرآنيه التي يقول فيها رب العالمين في سورة الرعد:

" لَهُ مُعَقِّبَاتٌ مِّن بَيْنِ يَدَيْهِ وَمِنْ خَلْفِهِ يَحْفَظُونَهُ مِنْ أَمْرِ اللَّـهِ ۗ إِنَّ اللَّـهَ لَا يُغَيِّرُ مَا بِقَوْمٍ حَتَّىٰ يُغَيِّرُوا مَا بِأَنفُسِهِمْ ۗ ...." صدق الله العظيم. (ألرعد 11).

ما يخطر في فكري هنا أن الله أمر معقبات (ملائكة) يحفظون ألإنسان (مؤمن وغير مؤمن) ويؤمرون بعقله الواعي ومن ثم لعقله أللاواعي (خيرا أو شرا) ، **فللعقل اللاواعي قدرات خارقه خارج حدود ألإنسان بمساعدة هذه ألمعقبات**

(وهي مأمورة من الله)... فإن أنت ضمرت خيرا" أفلحت وإن ضمرت شرا"خسرت، فلا يغير الله ما بك إلا ما أنت ضمرته في نفسك لتغير ما فيك... فألإيمان والرغبة تنبع من العقل الواعي، والعقل اللاواعي يصدق ما يؤمن به العقل الواعي، وينفذ رغباته بمساعدة هذه المعقبات...وألله أعلم...

أنا لا أعلم كيف تتم، ولكن عندي القناعة أن ذلك يتم، فقد مررت شخصيا بهذه التجارب بعضها بوعي واصرار مني وبعضها برغبة داخلية بدون إصرار... فإذا تفحصنا ما يدور حولنا أدركنا بوجود تأثير تلك الآيه الكريمه واتضح معناها...المشكله هي كيف تقنع عقلك اللاواعي بشيء معين، كيف تكون تكنولوجية الأقناع !!

عقلنا الواعي يفكر ويقرر ويستشعر بواسطة حواسنا الخمس... بينماعقلنا اللاواعي لا يعترف بالمكان ولا الزمان[14]، وهو يدرك ما حوله بالإحساس (ألإستبصار) عندما تكون الحواس الخمسة غير جاهزة، لدى العقل أللاواعي حاسة الإستبصار أو ألإستشعار أو حدة في الإدراك لذلك لديه القدره على ترك جسمك والسفر الى البعيد او الغوص في مشاعر

الآخرين وتخيلها.... والمعلومات مخزنة فيه كشريط فيديو او كمبيوتر، إذا أراد أن يتذكر عرض الفيديو المناسب للحاله المعينة... أو عمل إستنساخا لها ودراستها بهدف إيجاد حل مناسب لما هو فيه الآن، سواء أكانت رغبة أم مشكلة تحتاج الى حل.

العقل الباطن (اللاواعي) يفكر ويقتنع بما يمليه عليه ويؤكده العقل الواعي، فمثلا" إذا أردت أن تصبح شيئا"، عليك بعقلك الواعي إقناع عقلك الباطن بذلك وأكد له مرارا وتكرارا" ....هذه العلاقه هي فقط بين العقل الواعي والاواعي، هي ليست بينك وبين شخص آخر، وليس من الحكمة إذاعتها للآخرين...ركز على ما تريده أنت... **إن الأشخاص الذين يصنعون واقعهم بأنفسهم لا يخافون من المستقبل، لأنهم يدركون بأن واقعهم سيكون صورة شبيهة لما رسموه بعقلهم الباطن.**

أن يؤمن الإنسان بقدرته على تحقيق شئ ما أو أي شئ، مع العمل لأجله، خيرا أم شرا"، بهدف الوصول الى ما يؤمن به، أن تؤمن من أعماق داخلك بأنك ستصبح غنيا" فعلا" أو ناجحا" أو أن تشفى من مرض هو المفتاح السحري للوصول الى ما تريد، أو أن تؤمن بأنك

تعيس ستصبح فعلا" تعيسا، هذه عملية حقيقية
ولكننا لا ندرك سرّها، نعم هنالك سحر في
إيمانك بعقلك الباطن.

العمل الجاد لوحده لا يوصلك الى النجاح،
لكن العمل الجاد مع الايمان سيوصلانك الى
بلوغ غايتك...ضع ما ترغب أن تكون عليه في
عقلك الواعي بشكل واضح، جهز إمكانياتك
وأرسم الطريق لذالك، كن جادا صبورا...أفكارك
تنتقل لعقلك اللاواعي، وهذا يجذب ما أنت
راغب فيه...فأفكارك تنتقل الى كلمات وهي
بدورها تتحول الى أفعال فتصبح عادات فسلوك
يقودك الى مصيرك...

إن الذكاء أللانهائي في العقل اللاواعي يقود
ويوجه الإنسان روحيا" وعقليا" وماديا"، الدكتور
مورفي يسرد أمثلة كثيرة:
*إمرأة عجوز عمرها خمسون سنة، لم تفكر
بالزواج في حياتها، لكنها اليوم تحلم بأن يأتي
رجل لخطبها وتتزوج، إستمر الإلحاح في الأمر
من داخلها وشغلها أسابيع، وإذا بحلمها يتحقق.
* شخص مشى على رجليه مسافة 30 كم
تعبت عضلات ساقية فهبط أرضا ولم يستطع
السير. قيل له إذاغسلت رجليك بهذا الماء

المبارك، ستعود تنشط وتتابع السير...هو آمن بذلك وفعل ، فشعر بنشاط وعاد الى السير.

* لقد أخبر رسول الله أصحابه بأنهم سينتصرون على إمبراطوريات الفرس والروم وقد كانوا أعرابا، فآمنوا بذلك وعملوا له، وقد تحقق.

* إذا آمن العقل الواعي واعتقد بشيء سيقوم العقل اللاواعي بالعمل بناء" على ذالك.

كيف تطلب من عقلك اللاواعي ألقيام بعمل ما:

إجلس في مكان هادئ منعزل ،أغمض عينيك، استرخي بعض الوقت وتابع كل أعضاء جسمك (ألأرجل، الأيدي، القلب، .....) واحدا واحدا واطلب منهم الأسترخاء حتى تصل الى مرحلة الغفو (نصف صاحي)، تأكد من حقيقة جميلة أن ما تطلبه ممكن تنفيذه، أو أن الله خلقك فاحسن خلقك، او انك غير مريض وما تشعر به هو مؤقت، أو أنك في صحة جيدة ممتازه، أو أكيد سيتحقق طلبك ، .....وكرر ذلك في صوت هافت....

كرر هذه الوضعية عدة أيام أو حتى أسابيع.

ثق وآمن في حقيقة أية فكره أو خطة أو
اختراع وعند العمل سيصبح حقيقة.

13

سر ألإعتماد على الله

Secret of reliance on God

على مر العصور واجه الجنس البشري صعوبات ومشاكل للحصول على سعادته، لكن أصعب هذه المشاكل وجدت في عصرنا الحالي هذا، عصر التطور والتكنولوجيا والنانو وميكانيكا الكم. كثرٌ هم من يعتقدون بأن ألعلم الحديث يساعد في حل مشاكل الإنسان النفسيه، لكن الواقع هو العكس. فلم يستطع العلم في المدارس والجامعات والفلسفة الحديثه أن تحول دون إنتشار الكذب والغش والمخدرات والجريمة وعدم الشعور بالأمان و القلق والخوف...

قرأت في الجريده : خبر مفجع: العريس يغضب ويخنق عروسته ليلة الزفاف...ألإختلاف بين الزوجين او بين انسان وآخر هو أمر

طبيعي، لكن أن يستعمل أحدهم الضرب والقتل أو الصراخ فهذا من سلوك غير انساني...الحيوانات عندما تغضب تستعمل أيديها وارجلها واسنانها لأن بصيرتها معدومة أولأنها قاصرة التفكير بالغريزه، لم ينفخ اللّٰه فيها من روحه بل منحها ألغريزة لتنموا وتتكاثر وتحافظ على جنسها...

مشاكل الحياة لا تنتهي، ومطلوب منا حلول لها يوميا"... ما هي الاسباب؟ وهل الحلول المادية تكفي؟؟ ...

- هل المسكرات أو المخدرات أو المهدئات هي الحل؟ : إستعمالها يزيد من المشكلة سوءا"، والرابح هو التاجر أو الطبيب النفسي...

- هل هو المال؟ : أشخاص ودول أغنياء، لم يساعدهم المال، بل أصبح المال عبئا" عليهم...كثر البطر والترف والمخدرات وشوفة الحال (ألكبر)، ففسد الانسان....وأصبح ألأمان المادي خدعه...

- ربما التكنولوجيا والعلم؟ : لم تستطع الجامعات إيقاف الخوف والقلق وعدم الشعور

بالأمان وانتشرت الجريمه.....,واصبح سوء إستعمال التكنولوجيا يؤدي الى مشاكل.

- ربما نوعٌ من الذكاء؟ : وللأسف فقد استعمل الذكاء في الأستغلال وزيادة اللؤم وفي الحروب وقهر الإنسان لأخيه الإنسان...وأصبح الذكاء أحيانا" في الإستغلال وزيادة اللؤم، وفي الحروب وقهر الإنسان لأخيه الإنسان.

جميع تلك الحلول **المادية المحدود** إستعمالها بدون ألتوكل على خالق الإنسان والعمل حسب تعليماته بأن نؤمن ولا نلبس إيماننا بظلم ، جميعها لم تمثل الحل الأمثل لمشاكل الإنسان في هذا العالم... ألأدوية وألمال و العلم والذكاء والفلسفة كلها إستعملت المادة الملموسه لطبيعة تكويننا المادي وتجاهلت أو لم تعترف بتكويننا الروحي، وإدعت زورا" بان الطبيعة كونت نفسها بنفسها.
- ماذا لو نظرنا الى الإيمان بالخالق الذي يكفل كل شئ خلقه!!! فالإيمان متوفر ومفتوح لجميع البشر.

- خلق ألمؤمن والعاصي والكافر وتكفل برزقهم.... ألله أحب كل خلقه مسلم وغير مسلم...وهو رحيم بهم على درجات ... رحيم بالمطيع والمجتهد وحتى بالكافر، لكن يعز عليه، أي لا يرضيه كفره.
- نعم لنتعامل مع معتقدات...لكنها تدخل الى النفس فتهذبها وترضيها وتعطيها الأمان...فتصبح حقيقة ملموسه.
- قال تعالى:
- "الَّذِينَ آمَنُوا وَلَمْ يَلْبِسُوا إِيمَانَهُم بِظُلْمٍ أُولَـٰئِكَ لَهُمُ الْأَمْنُ وَهُم مُّهْتَدُونَ " (ألأنعام 82).
- وقال تعالى:
- " الَّذِي أَطْعَمَهُم مِّن جُوعٍ وَآمَنَهُم مِّنْ خَوْفٍ " (قريش 4).

<u>ما هو الأيمان؟؟؟</u>

كثيرون هم من يعترفون بأن الله موجود حقا...لكن يصعب عليهم فهم ألإعتماد على ألله لإختلاط أمور الدنيا المادية عليهم... فهم في حيرة!!!...

لقد أرسل الله الرسل بالبينات للناس حتى يؤمنوا به ليهتدوا الى طريقة الحياة الصحيحة وبالتالي، إكتساب السعادة.

كي أؤمن بشي يترتب على عقلي أولا" أن أتيقن من صحته، فاليقين يثّبت الإيمان، وبينات سيدنا محمد عليه السلام لم تكن مادية حرفيا كما كانت مع باقي الرسل، بل كان هو القرآن العظيم، والذي بهرنا ويبهرنا وسيبهرنا بمعجزات الله على مر الزمن، فالمنهج القرآني يعتمد في الإيمان على العقل ليثبت اليقين.

ألإسلام ليس كباقي المعتقدات، فإمان المسلم يعتمد على الفهم بعقله وادراكه، ألإسلام يطلب منا إستعمال العقل، فإذا أدركنا المنطق ثبت اليقين...واليقين هنا هو الثقة أو القناعة بوجود قوة عظمى خلقت هذا الكون وأرسلت الرسل والقرآن لهداية الناس، اليقين هي الثقة بوجود الله، إنه شعور داخلي في الإنسان... ولتثبت يقيننا بوجود الله علينا تعلم اليقين وممارسته، فاليقين يحتاج الى علم وممارسة، لنحسن الظن بالله والتوكل التام عليه، لأنه هو العالم بكل شئ ويدبر كل شئ، يدبر القضاء والقدر، وترك لنا إستعمال عقلنا في الحدود التي رسمها لنا، وطلب منا التوكل عليه...فمثلا" لتتيقن أن صاحبك لا يكذب عليك وتثق به، عليك فحص وممارسة الواقع من أفعاله، وبذلك تدفع الشك باليقين. ففي كل ما

خلق الله حولنا وفينا آية تنفي الريبة وتورثنا
اليقين. خلق الإنسان من جسم وعقل وروح
ونفس، لفكر ويعمل وينتج....وخلق الفيروسات
الذكية والبكتيريا وهي كذلك تعمل وتفكر
وتتخصص، فهل فيها عقل؟ قال تعالى في
سورة لقمان آية 11:
" هَٰذَا خَلْقُ اللَّـهِ فَأَرُونِي مَاذَا خَلَقَ الَّذِينَ مِن
دُونِهِ ۚ بَلِ الظَّالِمُونَ فِي ضَلَالٍ مُّبِينٍ"
قال عليه السلام:" تعلموا اليقين كما تعلموا
القرآن حتى تعرفوه فإني أتعلمه".

هنالك شعور جميل وسعادة في التوكل على
الله، شعور يعطي الطمأنينة والقبول بما
سيكون حتى لو لم يكن حسب ما رغبناه أن
يكون...أنا لأ أدعي أن ألدين أفيون الشعوب
لأن ألأفيون يذهب العقل، بينما القرآن يطلب
إستعمال العقل ويعتبر الأفيون والمسكرات من
المنكرات، أنا أقول أن في ألإيمان شعورجميل
بمنطق، يغير النفس ويسعدها، ولا يدركه إلا
من تعمق إيمانه باليقين، وتعلم الآتي:

أن تؤمن بان الله سيسعدك...وتتبع
منهجه...ستكون سعيدا.

أن تؤمن بأن الله سينجحك في عملك... وتتبع منهجه...ستكون ناجحا..

أن تؤمن بان الله سينجيك من شقاء أو مرض... وتتبع منهجه...فعلا ستنجو.

أن تؤمن بأن كل ما لم تحظى به...هو أصلا" ليس لك.

أن تؤمن بأن كل ما أعطاك الله لك...هو رحمة لك وما منعه عنك هو حكمة.

لا يوجد شئ إسمه الصدفه، أو أنا وصلت بمجهودي الشخصي، أو بذكائي!!

نعم لا شك أن المجهود الشخصي وبعض الذكاء عوامل للنجاح وربما للفشل!!

ولكن ألإنسان يجتهد، والله يقضي ويقدر له النتائج...

نتاج مجهودك وذكائك سترضيك إذا التزمت بالإيمان بالله لأن الله سيقدر لك ما يرضيك.

نعم هنالك كفرة أغنياء نظنهم ناجحون لكن الله يمتحنهم، لو إضطلعت على داخلهم لرأيت أنفسهم غير مطمئنة لسبب أو لآخر. فالإيمان بالله هو مفتاح النجاح والسعادة لطمئنة النفس، وهو أن تؤمن بأن الله وكيلك، وترضى بما قسمه لك، لأنك تحبه فهو يحبك، ترجع اليه في أمورك، وترضى بما قدر لك وتكون شاكرا".

ففكرة الإيمان بالله ورسوله، والتوكل على اللهِ، هي نفسها كفيلة بإنهاء المشاكل النفسية، وتُلطف من تأثير المشاكل الماديةلأي إنسان.

الحياة الدنيا كما أنها دار لعب و لهو هي أيضا دار سعادة وامتحان لك من اللهِ... لذلك وضع فيها غني مترف وآخر شاكرا راض ....ووضع فيها فقير كافر غير راض وآخرشاكرا راض...وهنالك شقي تعيس وآخر مؤمن سعيد...وترك لك الخيارماذا تريد...ليبلوك.

وهنالك الكثير من الأمثلة حولنا بقصص أناس ورثوا أموالا" طائلة ثم أضاعوها، أو عاشوا تعساء رغم الغنى. واناسا ولدوا فقراء فأغناهم الله، أو هم سعداء رغم فقرهم. وأناسا لديهم كل ما يتمنون، لكنهم تعساء ومنهم من إنتحر.

قال تعالى:

" إِنَّ الَّذِينَ قَالُوا رَبُّنَا اللَّـهُ ثُمَّ اسْتَقَامُوا فَلَا خَوْفٌ عَلَيْهِمْ وَلَا هُمْ يَحْزَنُونَ " (ألأحقاف 13).

وقال تعالى:

" الَّذِينَ آمَنُوا وَلَمْ يَلْبِسُوا إِيمَانَهُم بِظُلْمٍ أُولَـٰئِكَ لَهُمُ الْأَمْنُ وَهُم مُّهْتَدُونَ ". (ألأنعام 82).

نؤمن
بالله

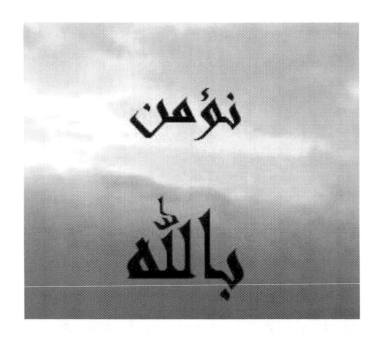

14

ألفلسفة والدين

Philosophy & Religion

ألفلسفة هي أداة علم ومعرفه ونشاط تفكيري، أما الإسلام فهو دين الحياة لا يحتاج الى الفلسفة لأنه أوضح لنا ببراهين بينة من هو خالق هذا الكون والهدف من وجودنا، ولأن تعاليمه واضحة.

في العصور القديمة مارس ألإنسان فلسفة الحياة أو فقه الحياة ليبحث عن حقيقة الحياة وخالقها، لذلك قيل في الماضي الفلسفة بنت ألأديان وأم العلوم. بالفسلفة عادة يبحث الإنسان عن جذور المعرفة الواقعية فيقتنع ويقنع. وألمعرفة الواقعية هي إعتقاد حقيقي مبرر بالعمل، والحقائق تقوّم بالعمل، فالحقائق لادمغتنا هي كالغذاء للجسم، بعضها أكثر شهية لحسّنا المعرفي، والمعرفه تعطيك سعادة (Knowledge give you Pleasure) لذلك يبحث الإنسان دائما عن المعرفة.

لقد إعتقد الفيلسوف اليوناني أرسطوطاليس أنه لا بد من وجود سبب أول هو الذي خلق كل شئ، وهو الذي خلق الوجود والزمن. أما أفلاطون شبه الخالق بأنه المثال للخير المطلق، وأنه هنالك عالمان: هما عالمنا الواقع الغير مثالي والذي نعيشه وعالم آخر مثالي به نسخ طبق الأصل عن عالمنا. إستمر الفلاسفة في البحث عن الوجود حتى الآن، والسبب لأن ألإنسان وبحكم شوقه لمعرفة ألخالق يسعى دائما اليه بفلسفته، مع أن الله قد أرسل لكل أمة منذ الأزل رسلا" تهدي الى الله.

هنالك من يعتقد أنه بدون الفلسفة لا نعرف الخالق[2]، لكنني واثق بأننا بتدبرالقرآن العظيم نقتنع بوجود الخالق. لأن القرآن لا يحتاج الى فلسفة، فجميعه معرفة ونشاط فكري وحقائق واضحة وعمل. ألقرآن حقائق علمية وصور واقعية، تبين لنا جذور المعرفة. من يتدبر ويفهم القرآن يقتنع سواء كان عالما" أو متعلما" أو عاش في الشارع.

فالإسلام يتميزعن الفلسفة بأنه دين عالمي وأسلوب حياة كريمة، في رسالة الاسلام التي نزلت على سيدنا محمد عليه السلام فقه واقعي وعلوم أعمق من الفلسفة، شملت كل حقائق الحياة الدنيا والآخرة إحترمت بقوانينها كل خلق

الله وتعدت حدود العقل البشري... وفاقت سابقاتها من ديانات وفلسفات شعوب اليونان والهند والصين...وهذا سر سرعة انتشارها في بداية الدعوه. لكن هذا الإنتشار واجه ولا يزال يواجه صعوبات **لأن بعض من ادعوا التفقه في الدين، وعن عدم دراية، كفروا المسلم الذي يبحث في فقه الواقع للآيات القرآنية**، كالتشريح في الطب، والمعاملات البنكيه وتعريف الربى، حتى أن تلك أعتبرت من الممنوعات...فعكف بعض الشباب عن الدين والإيمان بالله ؟؟؟

أنا لا أنكر أن الكثير من أجدادنا المسلمين في قرى ومدن كثيرة قد تفهموا القرآن الكريم وعاشوا معه كما أمرهم رب العالمين، ومنهم الكثير من الصالحين الذين نذروا حياتهم لخدمة الإسلام.

بعد عصر الخلفاء الراشدين والى الآن، كان بعض ممن نقل لنا معاني الدين وبحسن نية، قد لجأوا الى النمط التقليدي للدعوة الى الإسلام، وقد خاضوا في تفسير قضايا غيبيه غير ملموسة بطرق غير مقنعه لشباب اليوم المادي، كالتشدد بالأحكام لدرجة التكفير وكخرافات حماية المسلم بالحجب، وفكرة تعذيب الميت في قبره بالنار، وأن الموسيقى حرام فنحن المسلمون لنا الجنة

وهذه الحياة حياة شقاء وامتحان، كل ذلك قبل الخوض في تطبيق ما جاء به القرآن على الواقع والحقائق المادية.

أما بعض آخر وما سمي بالقصاصين أو الوعاظ خصوصا في بداية الدولة الأموية ثم العباسية والى الآن، ألذين تدخلو في أحابيل السياسة بهدف كسب المال، فقد روى ابن حجرات (852 هجرية) أن معاوية بن أبي سفيان عندما كان واليا" على الشام أتى القصاص كعب وقال له: سمعت رسول الله (ص) يقول" لا يقص على الناس إلا أمير أو مأمور أو متكلف"، فأمسك كعب عن القصص حتى أمره به معاوية. وعلى ذلك بدأ توظيف الإسلام المنحرف فكانت جاهزية كثير من الوعاظ والقصاص لتقديم ما يطلبه الحاكمون لتثبيت حكمهم حتى لو خالف ذلك أصول الدين. وقد تمادى القصاصون في مدح الحكام ولعن أعدائهم على المنابر. حتى أن بعضهم جعل أوامر الحاكم من أوامر الله ولفقت أحاديث و تمادوا في تحريف بعض أحكام القرآن الكريم، كالإرث فالرجل يمكن أن يحجب الإرث عن ألوريث ألأنثى، وأن المرأة ناقصة عقل ودين

وموقعها البيت، وأن الرجل يمكنه الزواج باربعة نساء دون قيود ومبررات، وأن الدعوة للإسلام إنتشرت بالسف، وغيرها الكثير. لذا أخذ بعض الشباب بالإعتقاد بأنه ملعبا لقدر الله تعالى ولا حول له ولا قوة، بينما ربنا في القرآن يخبرنا بأن كل نفس بما كسبت رهينة، وأن الإنسان كائن مكرم ومستخلف في الأرض ويطلب منه العمل ليرى الله ورسوله عمله، وأن ألإنسان مسؤولا" عن عمله ويجازى به في الدنيا وألآخرة.

ولهذا وللأسف فقد أُسئ فهم أهداف الدين ألإسلامي وأصبح بعض من المسلمون إتكاليون، تركوا العمل وتطوير الحياة والبحث في معاني ألقرآن، وسلموا كل أمورهم للأقدار. ولكن بدون تدبر وبحث، تبقى الحقيقة عمياء. وعندما تكون الحقيقة عمياء تشكل خطرا" على معتقدات الإنسان وإيمانه.

لذا نرى بعض الكتب الصفراء القديمه جافه، خاليه من روح الحياه الدنيا وتبحث فقط في الروحانيات، حقائقها عمياء، فقد تغالوا في المحرمات والممنوعات، واضافوا ما عهدوه في

مجتمعهم المغلق، أو ما أملت عليهم العادات والتقاليد. والبعض لم يدرك معاني كتاب الله الحقيقية في أن الله أنزل القرآن هدى" للناس، **لإسعاد الناس في الدنيا كما في الآخرة**، لتنظيم العلاقات الطيبه والمحبه بين جميع خلقه مسلم وكافر وحيوان ونبات وجماد.

في عالمنا الحالي نفكر ونتعامل بأنظمة ومقاييس وأبعاد خاصة بالدنيا، فاليوم يمثل دوران الأرض حول نفسها، لكن هل ستدور الأرض في الجنة؟ والمتر له طول متفق عليه في الدنيا، والحجم يقاس بثلاثة أبعاد: طول وعرض وارتفاع، ولتحديد موقع نقطة نتعامل مع أربعة أبعاد، هي مسافات ألطول والعرض والإرتفاع والزمن، لذا علينا أن نتدبر ونلتزم بما طلب منا في عالمنا الواقع. أما الغيبيات من القرآن الكريم وبعض أحاديث الرسول فربما لها أنظمة وأبعاد إخرى نعجز على تصورها، لذلك من الصعب علينا إدراكها، لكننا نقبل بخواطرها كما هي، فمثلا:

" اللَّـهُ نُورُ السَّمَاوَاتِ وَالْأَرْضِ ۚ ..." (النور 35)

" وَسَارِعُوا إِلَىٰ مَغْفِرَةٍ مِّن رَّبِّكُمْ وَجَنَّةٍ عَرْضُهَا السَّمَاوَاتُ وَالْأَرْضُ..." (أل عمران 133).

" إِنَّ الَّذِينَ كَفَرُوا ...كُلَّمَا نَضِجَتْ جُلُودُهُم بَدَّلْنَاهُمْ جُلُودًا غَيْرَهَا ..." (النساء 56).

"... نُورُهُمْ يَسْعَىٰ بَيْنَ أَيْدِيهِمْ وَبِأَيْمَانِهِمْ..." (التحريم 8).

" فَلَا أُقْسِمُ بِمَا تُبْصِرُونَ وَمَا لَا تُبْصِرُونَ " (الحاقة 38،39).

"....فِي يَوْمٍ كَانَ مِقْدَارُهُ أَلْفَ سَنَةٍ مِّمَّا تَعُدُّونَ " (آيه 5 السجدة)...

"... فَأَرْسَلْنَا إِلَيْهَا رُوحَنَا فَتَمَثَّلَ لَهَا بَشَرًا سَوِيًّا" (آيه 17 مريم)...

" كَذَٰلِكَ وَزَوَّجْنَاهُم بِحُورٍ عِينٍ " (آيه 54 ألدخان)...

هنا علينا القبول بها كما وردتنا دون رتوش ، وبلا مقارنة لما فى دنيانا.

ألقرآن حقائق علمية وصور واقعية، تبين لنا جذور المعرفة.

من يتدبر ويفهم القرآن يقتنع سواء كان عالما" أو متعلما" أو عاش في الشارع

15

فقه الواقع

Doctrine of Reality

بعد ما كانت الفتوحات ألإسلاميه منتشرة في الشرق والغرب، وبناء الدولة الأموية والعباسية بتوسع، تقاعس المسلمون في ألتواصل مع خواطر القرآن وتطوير معانيه فيما يتناسب مع تطور فهم الإنسان للحياه. فالقرآن الكريم لغة عربيه واضحة تدعوا الى الأخلاق الحسنه، والبعد عن الأخلاق السيئة، وتدعوا الى إحترام ألآخرين وحتى الرفق بالحيوان، والمؤمن ليس بحاجة الى دروس زائدة في الزهد والعفة والتخويف من الله والموت والنار. **فالمؤمن يحب الله ويتمنى لقائه ويخشع بين يديه فلا يخاف من الموت والله يحب المؤمن، ونترك الخوف والنار للكافر.**

منذ أن بدأ علماء الإسلام الكرام بتفسير القرآن الكريم لتوضيح كلام الله تعالى، وبيان المراد منه للشعوب، كانت بعض هذه التفاسير

تختلف نوعا ما باختلاف آراء هؤلاء العلماء حسب أزمنتهم وأمكنتهم وتخصصاتهم وإهتماماتهم، لكن ثوابت الدين تبقى واضحة. والسبب لأن لغة القرآن الكريم -على وضوحها كلغة عربية- هي لغة واسعة، وعباراتها تحمل في بعض الأحيان أوجها عدة، ومعاني كثيرة لكن غير متناقضة. فمن ذلك قول سيدنا علي رضي الله عنه: "القرآن حمال ذو وجوه".

لذلك ففي كل زمن كان مفسروه يكتشفون بعض التفاسير الأوضح لقومهم. **لذلك فإن كل التفاسير للقرآن الكريم جيدة ولكن لا تعتبر قرآنا.** والقرآن الكريم هو المصدر الوحيد للتشريع الإسلامي لكل عصر ولكل زمان، ويؤخذ بتفاسير واصدار الأحكام من طائفة من العلماء المسلمين لذلك الزمن.

لكن وللأسف إستمر الكثير من الكتب المنشوره في العصر الحديث نقل ما فسر بعضه في زمان قديم صالح لذلك الزمان كما هو من دون تدبر وتمحيص والأخذ بفقه الواقع، ودون فهم فلسفة التشريع أو فقه الواقع[3]، فالقرآن الكريم صالح لكل زمان ومكان، لكن إذا فهمنا خواطره ووعينا ذلك.

فمثلا": أفتى شيخنا العلامه الشعراوي رحمه الله بحرمة نقل أعضاء الإنسان للإنسان ربما خوفا من الإتجار بها، ولكن إذا وضعت حدود وحيثيات وقوانين وبتقدم العلم الحديث، أصبحت العملية مفيدة للإنسان ولا تتعارض مع الدين.

وفي مثال آخر: يقول الله في ألآية الكريمة 16 من سورة النحل:

" وَعَلَامَاتٍ ۚ وَبِالنَّجْمِ هُمْ يَهْتَدُونَ "

تفاسير ألزمن الماضي تقول بأن ألإنسان كان يهتدي برحلاته بمعرفة النجوم، وهذا صحيح. لكن في عصرنا هل يهتدي قائد الطائرة بالنجوم ليعرف وجهته وارتفاعه؟

ألكرة الأرضية نجم له جاذبية وحول ألأرض مجال مغناطيسي، لذلك لدى الملاحة اليوم باروميتر يتأثر بجاذبية نجم الأرض ليعطي ألإرتفاع، وهنالك بوصلة تتأثر بمغناطيسية نجم الأرض ليوجه الطائرة.

كذلك أنظر في جميع تفاسير علمائنا الأفاضل قوله تعالى:

" أَوَلَمْ يَرَوْا أَنَّا نَأْتِي الْأَرْضَ نَنقُصُهَا مِنْ أَطْرَافِهَا ..." (آيه 41/ألرعد)

هنا لم يلاحظ المفسرون أن مساحة الأرض اليابسة تنقص من أطرافها!!

أضف الى ذلك ألأحاديث المشوهه لبراءة الإسلام الحنيف. فالبخاري رحمه الله جمع أحاديث سيدنا محمد الصحيحة، لكنني اليوم أجد كتبا لأحاديث البخاري خاصة بالسنة وأخرى خاصة بالشيعة وطبعات أخرى كتيره!!

لذا نرى شباب اليوم لا تتقبل بعض تفاسير الماضى لأنها لا تتماشى مع الواقع، و بسبب ما يتلى عليهم من ما هو غير واقعي ومنسوب الى الإسلام لأنه لا يجيب على كثير من أسئلتهم ولا يطابق المنطق. مثل أيضا" التفسير الخاطئ في قطع يد السارق، وضرب الزوجه، والتي أوضحها بشكل منطقي الدكتور علي الكيالي وغيره من المفسرين المعاصرين جزاهم الله خيرا، كذلك الإعتقاد بالنار التي تحرق الميت في قبره، والرجم حتى الموت، وبلاء المسلمين العابدين ألذين لا تهمهم هذه الدنا فهم بانتظار الجنة، وتفسير الشهيد، وغير ذلك الكثيرالغير منطقي.

ألأنسان المعاصر إختلف عن أجداده، إنه انسان مادي يؤمن بالمحسوس ويشكك بالغيبيات. ولذلك ولتجديد الدعوة الى الإسلام علينا توضيح ميزه الدين الإسلامي في الدنيا، لقد خلق الله الكون ووضع له قواعد وقوانين للعمل ووضع لنا كاتالوجا يبين لنا كيف سنعيش سعداء

في دنيا الإمتحان....ألله ليس بحاجة لنا بل نحن بحاجة اليه، هو يعلم كل شئ ونحن لا نعلم كل شئ... لذا تبرع كثير من المؤمنين الحق في يومنا هذا لإظهار ألدين القيم الصحيح رغم معارضة بعض العقول المتحجرة.

لأشك أنه في عصرنا الحالي علماء أفاضل تطرقوا لهذا الموضوع للدفاع عن الاسلام الصحيح، ولكن لا يزال من يتصدى لهم من العقول المتجمدة بالبحث عن عثراتهم وعدم تقدير صحة فهمهم، ويتهمونهم بالزندقه، وإعتمدوا على أحاديث منقوله، بعيدة عن منطق القرآن الكريم وعن الواقع.

أنا أحترم كل الأحاديث النبويه، ولكن لأ يمكننا أن نستنبط منها حكما، إلا إذا كان الحديث هو شرحا أوسع لكلام الله وأحكامه، وكان هذا الحديث مطبق ومعمول به في زمن رسولنا الكريم ويتماشى مع أخلاق الرسول محمد عليه السلام، فقد بعث ليتمم مكارم الأخلاق. كما أنه علينا أن نكون حذرين، فالحديث المنقول عن عدة أشخاص...يمكن أن ينسى أو يحرف أو تنقص منه كلمه أو حرف فيفقد معناه، وممكن إعتباره من التراث أو التصرف الحسن، فسواء"

أخذت أو لم يؤخذ به فلا علاقة له بدخول الجنة أو ألنار، لأن دخول الجنة أو دخول النار مرهون بيوم الحساب. كما وأنني أعتقد بأنه لا يمكننا أن نستنبط من الحديث حكما جديدا" في الدين، لأن أحكام الدين كاملة موجودة في القرآن الكريم وتفسيرها واضح من ألأحاديث الصحيحة.

أما الحديث الذي عمل به مرة في زمان الرسول ورواه من شاهده بالعين ممكن أن يتذكر، ولكن طالما أنه عمل مرة واحدة ثم روي يصبح كالمسموع. والحديث المطبق عمليا" منذ ظهور الإسلام للآن ويفهم ويعرف كيف، ويعرف مغزاه، كالصلاة وكالشعائر في الحج والصوم والزكاة والبر بالوالدين واحترام الجار وغيرها الكثير الصحيحة. ....ينطبق عليها قوله تعالى: "ما أتاكم الرسول فخذوه وما نهاكم عنه فانتهوا"...

لِكُلِّ نَبَإٍ مُّسْتَقَرٌّ ۚ وَسَوْفَ تَعْلَمُونَ
(الأنعام 67)

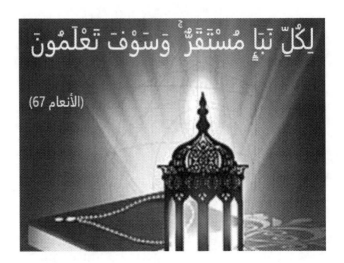

16

فلسفة التدوير

Philosophy of recycling

لقد أوجد الله منافع شتى في الحياة من مبدأ ألتدوير(Recycling):

".... وَالَّذِينَ يَكْنِزُونَ الذَّهَبَ وَالْفِضَّةَ وَلَا يُنفِقُونَهَا فِي سَبِيلِ اللَّـهِ فَبَشِّرْهُم بِعَذَابٍ أَلِيمٍ " (ألتوبه 34)

فمن المفروض أن المال يجب أن لا يكنز بل يدوّر وينتقل من انسان لأخر، ليتم استعماله في الصناعة والزراعة والتجارة وخلق الأقوات للناس ...أي أن المال لا بد أن يكون متحركا دوما لتكبر قيمته بالعمل فنستفيد وندفع زكاته، العملة إذا كنزت قلت قيمتها مع الزمن، وربما أيضا الذهب والفضه، فتحويل المال ليدور

وليعمل بالتجارة ليستفيد صاحبه وبفيد من يعمل به ، هذا مبدأ فرضه الأسلام:

" لَن تَنَالُوا الْبِرَّ حَتَّىٰ تُنفِقُوا مِمَّا تُحِبُّونَ ۚ ..." (آل عمران 92).

" مَن جَاءَ بِالْحَسَنَةِ فَلَهُ عَشْرُ أَمْثَالِهَا ..." (ألأنعام 160).

كذلك عندما تنفق الزكاة مما تحب، أو تعمل عملا" حسننا"، سيعود ذلك عليك وتكسب أكثر، ثم تنفق ثم تكسب، ثم تنفق ثم تكسب....وهكذا تدوير....

مبدأ التدوير أيضا" في الماء، قال تعالى:

" أَلَمْ تَرَ أَنَّ اللَّـهَ يُزْجِي سَحَابًا ثُمَّ يُؤَلِّفُ بَيْنَهُ ثُمَّ يَجْعَلُهُ رُكَامًا فَتَرَى الْوَدْقَ يَخْرُجُ مِنْ خِلَالِهِ وَيُنَزِّلُ مِنَ السَّمَاءِ مِن جِبَالٍ فِيهَا مِن بَرَدٍ..." (ألنور43).

ماء البحر في دورته يتبخر فيصبح سحاب، ثم ينزل على الجبال مطرا" فتسيل منه أودية تسقي الزرع والمخلوقات، ثم تعود الى البحر وتعيد الدوره بعد أن قامت بإفادة ما خلق الله.

وأما البرق في السماء والناتج من الكهرباء الستاتيكية عند إحتكاك الغيوم، والذي تصل درجة حرارته فوق 6000 درجة مؤية، فهذا ينتج حامض النيترات من نيتروجين وأكسجين الهواء، الذي يتحول الى أسمدة النيترات عندما يصل الى التربة ويغذي النباتات التي تصنع منه الكلوروفيل الأخضر، وهذا ألكلوروفيل بدوره يتحلل وينتج نيتروجين وأكسجين يغذي الهواء، أما النباتات فتنمو وتتكاثر وتعطي أوكلها ثم تموت وتتحلل وتصبح سمادا لما بعدها... وهكذا دورات الماء والنيتروجين وألأكسجين والنبات ...

أمثلة أخرى وآيات كثيره تتكلم عن **مبدأ التدوير الذي يعتبر من أسباب إستمرارية الحياه التي نعيشها...**

ومنذ سيدنا آدم خلقه الله وأودع في كروموسوماته الغريزة أو الفطرة والبصيرة التي تنتقل من جيل الى جيل فنولد ونكبرونودع

الكروموسومات في أولادنا ونموت...وهكذا أوجد الله الحياة من مبدأ التدوير...

ألكذبة أو قلة الإمان التي يصدقها الناس أن موارد الأرض محدودة ولا تكفي لزيادة السكان...ألم يقل الله وما من دابة إلأ وعلى الله رزقها، قال تعالى:
" وَمَا مِن دَابَّةٍ فِي الْأَرْضِ إِلَّا عَلَى اللَّـهِ رِزْقُهَا وَيَعْلَمُ مُسْتَقَرَّهَا وَمُسْتَوْدَعَهَا ۚ كُلٌّ فِي كِتَابٍ مُّبِينٍ " (هود 6)
فإذا أخذنا بمبدأ التدويرسيكون في الأرض أكثر من ما هو كفايه....فقد وهبنا الله البصيرة لتبدع ووهبنا القوه لنعمل...إنه لا يزال هنالك الكثير من الأفكار الأبداعية، فمنها المبني على مبدأ تدوير المستعمل، ومنها ما هو مبني على إستغلال ما هو بين أيدينا، مثل زراعة الهيدروبونيك وغيرها، إن قدرة بصائرنا وقدرتنا على التفكير غير محدوده، والله لم يضع للأخذ من علمه قيود أو حدود، ولا زلنا نحتاج الى الكثير من تطوير هذه الحياة والعمل... علينا دائما أن نفكر بوفرة الموارد في الأرض ونبحث عنها وندورها...

كذلك من مبدأ التدوير أن الله خلق الأضداد في البشر والحيوانات حتى تستمر الحياة. خلق قوي ضد قوي يقتله ليعيش الضعيف فيقوى الضعيف ويقتل القوي أو يهلك القوي من داخله فيقوى ضعيف آخر وهكذا تستمر الحياة. خلق الحوت ليأكل السمك والسمك يأكل العوالق، والعوالق تأكل الحوت....

سبحانك ربي ما أعظمك...

دورة حياة الإنسان

N2+O2
البرق
نيترات
سماد
شتاء
بخار ماء
حيوانات ونباتات ميتة
أنهار وبحيرات
بكتيريا
وفطريات
مبدأ التدوير من أسباب الحياة

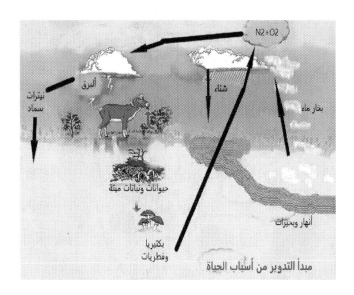

17

ألإرادة والرغبه

Kneed & Desire

نقول عادة: هذه إرادة اللّٰه ومشيئته، لكن أين إرادة الإنسان ورغبته؟؟...

اللّٰه له الإرادة الكبرى، والإنسان يمثل ألإرادة الصغرى.

ما طبيعة العلاقة بين إرادة الإنسان ورغباته؟؟... وهل من الممكن التحكم بهما؟؟؟....

فلاسفة كثيرون تطرقوا لهذا الموضوع، وحتى الملل والأديان....الفيلسوف الألماني المتشائم أرثر شوبنهاور(9) يعرّف ألرغبة بأنها تتولد عن الحاجة والحرمان والمعاناة، وهي حقيقة الإنسان وجوهره لأنها ترتبط بخاصية الوعي لديه. أي أنها شهوة مصحوبة بوعي، هي الوعي بما يشتهيه ويريده وبسعى بارادته إليه،

وهي الجهد الذي تقوم به النفس لإشباع رغبتها بهدف المحافظة على ذاتها.

لكن الإنسان لن يشبع رغباته كلها، فما أن يشبع رغبة حتى تتولد عنها رغبة جديدة، فيبدأ بالسعي والبحث المتواصل لتحقيق الرغبة الجديدة، مما يجعل الإنسان لا ينعم بالراحة أبدا"، وتصبح إمكانية الحصول على السعادة مسألة مستحيلة. هذا في راي بعض الفلاسفة .

لأكنني أنا أرى أنه يجب التمييز بين الرغبة السلبية والرغبة الإيجابية، والناس تختلف، فلكل إنسان عنده نسبة من عناصر **الذكاء والطموح وإمكانيات** مادية ومعنوية وقدرة على **الجلد** والمثابرة، إضافة الى مكوناته **الشخصية** لبلوغ الهدف. إذ أنه من الضروري كي يكون الإنسان ناجحا في الوصول الى ما يرغب اليه، أو بعبارة أخرى لكي تكون رغبته إجابية، أن تكون النسبة المؤيه إجابية لجميع العناصر الخمس سابقة الذكر (60%) :

أ) الرغبة الإيجابية حينما تكون النسبة المؤيه فوق المتوسط لجميع العناصر الخمس، أي **الجلد** والإرادة والمثابرة، وتكون حقيقية،

ومحددة بدقة، ومعقولة، وقابلة للتنفيذ لتوفرألإمكانيات والشخصية المناسبة. فتقود صاحبها للنجاح والسعادة.

ب) **أما الرغبة السلبية** حينما تقترن بنسبة عالية من صفة أو صفتان فقط، **كالطموح** لوحده، أي هي الأمل لوحده، وتكون عادة في الخيال، أو **الذكاء** لوحده وتكون ، وغير محددة وغير معقولة، وغير قابلة للتنفيذ، إما لعدم توفر ألإمكانيات كالأدوات أو الظروف، أو عدم **الجلد**، أو **شخصية** مهزوزة. فصبح ألإنسان في عذاب دائم.

لذلك من الضروري أن يعرف الإنسان قدراته وإمكانياته، فمن الخطورة عندما تتحكم ألإرادة وحدها بالجسم وبالعقل لتنفيذ الرغبات، حيث تخلق مبررات كاذبة للوصول الى تحقيق الرغبات، وهنا تستخدم الجسد لأغراضها، والجسد يشيخ ويبلى، لكن ألإرادة لا تشيخ، وتنتهي بموت الإنسان.

لذلك وجدت بعض المذاهب الفلسفية والبوذية والمسيحية للخلاص من العذاب الذي تسببه الرغبة للإنسان هو قتل الرغبة او حتى قتل الإنسان. فالعاشق يقتل نفسه إذا لم يظفر بحب معشوقه، وبعض رجال الدين المسيحي يقتل شهوة الجنس فلا يتزوج، وكذلك البوذي العابد.

لكن الإسلام لم يطلب قتل الرغبة، بل طلب تطويعها وسياستها بضوابط لخلق حياة أفضل، قال رسول الله لثلاثة من المسلمين زهاد الحياة:

"أنتم الذين قلتم كذا وكذا؟ أما والله إني لأخشاكم لله، وأتقاكم له، لكنني أصوم وأفطر، وأصلي وأرقد، وأتزوج النساء، فمن رغب عن سنتي فليس مني"

والرغبات على مستويات[10] عديدة من المطلوبات، سواء" كانت مادية أو انسانية أو ربانية. وقد حدد الإسلام المستويات العليا ونبذ المستويات الخسيسة المدمرة. وألإسلام إحترم

جسد الإنسان ورغباته، وإعتبر الجسد الوسيلة لدخول الجنة أو النار، ففرض الإسلام إشباع الجسد وشهواته من المستويات العليا العفيفة، ونبذ المستويات الخسيسة.

يذكرنا الله في القرآن الكريم أن معظم أعضاء ألإنسان من يد وقلب ولسان وجلد ستشهد علينا يوم القيامه، إذن فهي كائنات مرتبطة بجسدنا وتعمل بأوامر من عقلنا ألمدير التنفيذي للنفس في جسمنا...هي كائنات بعضها مسخر مباشرة للإنسان السوي ليتحكم بها كاليد والرجل والعين....وأخرى التحكم بها لا إراديا"، وممكن التحكم ببعضها بتقوية الإراده والرغبات الإيجابية إذا تدربنا على ذلك...

لقد أوجد الله قانون الإرادة، أي إمكانية السيطرة على سلوكنا وتصرفاتنا وغرائزنا، وحتى السيطرة على بعض الأعضاء أللاإراديه كتسكين الإحساس بالألم وحتى إبطاء الدورة الدموية .

إذا استطعنا بعقلنا الواعي ضبط رغباتنا والإرتقاء بها والتدرب على التحكم بإرادتنا،

نستطيع أن نسعد بحياتنا. تمارين التدرب لتقوية الإرادة قد تكون صعبة أو شاقة، فهي كتمارين تقوية عضلات الجسم، لأن تمارينها قد تجهدك كما تجهد عضلة الجسم، ولكن النتائج جيدة، فهي ستمكنك من رفض الإغراءات والملهيات الضارة، فمثلا":

التركيز في الصلاة: في مكان هادئ منعزل، إذا ركزنا في صلاتنا بعد قول الله أكبر، على ترك أمور ألدنيا ووجودنا أمام خالقنا نناجيه ونتكلم معه ونجزم أن الله أمامنا، وركزنا خلالها على وضعية جسمنا في كل حركة من حركات الصلاة...قد نكون بدأنا ألدرس ألأول على ضبط أفكارنا وأعضائنا....أنا أعلم أنها من أصعب الأمور...لأن ما يجول في أذهاننا من أفكار ومن أمور ألدنيا أقدرها بأربعين الى خمسين فكره في الدقيقة الواحدة !!! سنتخلص منها بالتركيز والممارسة.....

كذلك صيام شهر رمضان: فهو تدريب سنوي على تهذيب شهوات الجسد والنفس، لأن الصيام ليس منوطا" بالطعام فقط.

20 دقيقة يوميا للتأمل: في الطبيعة او التركيز على تنفسك (شهيق/ زفير) يدرب العقل على التركيز وشرود الذهن، وتكون نتائجه مذهلة (46).

كيف تطرد الأرق: والأفكار من عقلك لتنام.... أستلقي في الفراش وركز تفكيرك على إرخاء إصابع رجلك اليمين، إبدا بالخنصر حتى تتأكد أنه استراح خذ وقتك ثم البنصر ثم الوسطى ثم السبابة فالإبهام وكرر ذلك للقدم اليسار ثم اليد اليمنى ثم اليسرى وهكذا باقي أعضاء الجسم...أكيد ستنام ولا تعلم أين وصلت...

هي طريق لتركيز أفكارك على موضوع واحد....

18

ألرغبة والعادات

Will & Habits.

ما هي العادة؟...العادة هي سلوك نكرره مرارا"، يكون فعله في البدايه صعبا" لأننا نحتاج الى جهد لاقناع إدراكنا على عمله ثم يصبح سهلا" لأن دماغنا إستلطفه وإعتبره من البديهيات كي يوفر الطاقة اللازمه لعمله، فدماغ الإنسان كمبيوتر فائق التطور، فإذا التزمنا بتكرار سلوك معين يقوم دماغنا بتحويله الى تكيف عصبي فيصبح عادة، فيصبح القيام به بشكل منظم ومستمر وبدون جهد تفكيري...ألطفل مثلا" عندما يقف لآول مرة تكون صعبة عليه ثم نحن نمشي ونركض ومداركنا تكون مشغولة بشئ آخر... فلولا العادات لما استطعنا في حياتنا اليوميه العمل والحركة والتفكير بأمور كثيرة في نفس الوقت...

ألطاقة اللازمه في البداية لاكتساب عادة ما تتأثر بجهد وبعوامل داخلية من الأنسان ومن خارجه...ألإرادة إحدى هذه العوامل، كذلك ألرفاق والمجتع والزمن عوامل أخرى.

بعض العادات جيدة وبعضها سيئ...العادات الجيده هي التي تخلق الإنسان الناجح، والعادات السيئة تدمره...لكن للأسف من السهل إكتساب عادة سيئة لأنها في البداية لا تحتاج الى جهد كبيروتظهر لك نتائجها المغرية فورا" كتدخين سيجارة أو تعاطي امخدرات.... بينما العادة الجيدة تحتاج في البداية الى جهد أكبر وتظهر نتائجها بعد أيام أو أسابيع، كمطالعة الكتب أو كممارسة الرياضه...والتخلص من العادة السيئه يحتاج أيضا الى جهد كبير، لأن التخلص منها يحتاج البعد عن رفاق العادة كما يحتاج الى إرادة قويه لإهمال ملاحظات من حولنا، وعدم الضعف أمام مغرياتها ومحفزاتها....قال رسول الله عليه السلام: "من يتحرَ الخير يعطه، ومن يتق الشر يوقه".

وبمعنى آخر فإن ألعادات من الإرادة، ألإرادة الضعيفة لا تتحكم بالعادات. بينما الإرادة القويةهي التي تتحكم في العادات. قوة الإرادة في الإنسان تساعده على تنظيم حياته، وتساهم الى حد كبير في نجاحه سواء في الدراسة أو العمل[11]. وكذلك في الحفاظ على صحته والإبتعاد عن كل ما هو ضار به. قوة الإرادة هي مثل أي عضلة أخرى في جسم الإنسان، تتحسن وتقوى بالتدريب، لذلك شرع الله الصيام في رمضان وكذلك الصلاة....قال تعالى:

" يَا أَيُّهَا الَّذِينَ آمَنُوا كُتِبَ عَلَيْكُمُ الصِّيَامُ .... أَيَّامًا مَّعْدُودَاتٍ ۚ... وَأَن تَصُومُوا خَيْرٌ لَّكُمْ ۖ إِن كُنتُمْ تَعْلَمُونَ " (البقرة 183-184)

في إحدى الجامعات ألأمريكية[12] سنة 1972

تم عمل تجربه (The Marshmallow Test)

على مجموعة من الأطفال والذين تمت متابعة نشاطاتهم وتقدمهم في الحياة لمدة عشرون عاما".

في البداية وضعت أمام الأطفال قطعا" من الحلوى ويطلب منهم عدم أكلها إلاَ حين يؤذن

لهم وسيكافأ من التزم بالتعليمات بقطعة أخرى،
وإن أكلها قبل أن يؤذن له فلا يكافأ. أستمرت
تلك التجارب لفترة من الزمن، ثم بعد سنوات
وجد أن ألأكثر صبرا" هو من قويت إرادته واصبح
أنجح في حياته.

الصيام في رمضان هو لله والله يجزي به،
يجزي في الدنيا قبل الآخرة، فمن مزاياه هو
تدريب إرادة الإنسان على الصبرعلى الجوع
والعطش والشهوات، والصبر عند الأذى. في
حديث شريف قال عليه السلام: "ألصوم نصف
الصبر" وعنه أيضا" قال: "صوم شهر الصبر
وثلاثة أيام..."

ضعيفي ألإرادة هم من تلبسهم عادات سيئة
ولا يمكنهم التخلص منها، وهم عادة كثيري
الشكوى من أحوالهم التعيسة حتى لو كانت
أحسن من غيرهم، هؤلاء يصبحوا تعساء
بالإحاء الذاتي. **وهكذا عندما يسمع ضعيف
ألإرادة تعليق سلبي من شخص آخر يتأثر به
بسرعة لعدم ثقته بنفسه.**

دراسات وكتب كثيرة تبحث في إكتساب عادات جيدة تساعدنا على النجاح في أعمالنا والسعادة في حياتنا. مثلا" :

1- في أعمالنا نضع أولويات: المهم ، غير المهم ، المستعجل، غير المستعجل، ثم : مهم مستعجل، مهم غير مستعجل.
2- التركيز على هدفنا، فالهدف يجب أن يكون في ذاكرتنا واضحا".
3- علينا التعاون مع من معنا، وناخذ زمام المبادرة دائما".
4- نبحث دائما" عن مناطق الضعف ونصلحها فورا".
5- من أهم عوامل التواصل مع من معنا هو حسن الاستماع لهم، والتأكد أنهم يفهموننا.
6- نحن نربح عندما يربح شركاؤنا بالعمل.

19

ألغدد هي أجهزة التحكم الدقيقه

Glands are Body Instruments

لقد حرم الله على الإنسان أكل لحم الخنزيرلاسباب لا يعلمها إلا الله، قال تعالى:
" إِنَّمَا حَرَّمَ عَلَيْكُمُ الْمَيْتَةَ وَالدَّمَ وَلَحْمَ الْخِنزِيرِ وَمَا أُهِلَّ لِغَيْرِ اللَّـهِ بِهِ ۖ فَمَنِ اضْطُرَّ غَيْرَ بَاغٍ وَلَا عَادٍ فَإِنَّ اللَّـهَ غَفُورٌ رَّحِيمٌ " (ألنحل 115).

لكن لو نظرنا الى تكوبن الخنزير البيولوجي المشابه لتكوبن الإنسان، سنجد أن هرموناته [19،18] معظمها مطابقة لهرمونات البشر؛ لذلك تقوم شركات تطوير صناعة الأدوبه بتجربة عقاقيرها الجديدة على الخنازير قبل إعطائها للبشر وذلك للتأكد من فعاليتها.

في جسم الإنسان يوجد أكثر من خمسين غدة قنوية ولا قنوية (غددة صماء Endocrine Glands) تفرز إنزيمات وهرمونات تصنع في الغدد التي خلقها الله داخل أجسامنا، هذه الغدد تفرز كميات محددة بدقه من كل هرمون الى المعدة أو مجرى الدم الذي يوصلها الى المنطقة المخصصة لكل هرمون لينشطها أو يوقف نشاطها بنسبة معينه. يعني أن هرموناتنا (Body's Chemical messengers) هي ألأجهزه الدقيقة (Instrument Control) ألتي تتحكم فينا ، تتحكم بإدارة جميع فعاليات نظام أجسامنا، تتحكم في التكاثر وفي النمو، تتحكم في نمو أعضائنا، والأمراض والصحه وغيرها الكثير ، وحتى نشاطنا ومزاجنا ورغباتنا وكل شئ.

فمثلا إنزيم الببسين في الفم الذي يفتت البروتين الى أحماض أمينية وهرمون الغدة الدرقية حيث أن خمولها يسبب الشعور بالتعب وزيادة الأحساس بالبرودة كما يسبب زيادة

الوزن، أما الغدة النخامية وتعتبر سيدة الغدد مسؤلة عن حجم الإنسان وطوله وبلوغه ، والغدة اللمفاويه مسؤلة عن مقاومة الجراثيم، والغدة الصنوبريه مسؤلة عن الحالة النفسية المتغيره عند الإنسان وعن تنظيم الوقت وعن الحالة الجنسية ، ألذكورة والأنوثة، كهرمون ألإستروجين الذي يتحكم بالحالة الأنثوية والشذوذ الجنسي كما أن تأثيره الجانبي قد يؤدي الى أزدواج الشخصية(47)، وهكذا...

وعادة يقوم الطبيب بعد عمل فحوصات دقيقة باعطاء المريض هرمون معين بتركيز معين حسب حالة الغدة وافرازها، فمثلا" يعطى ألثيرومايسين في حالة خمول الغدة الدرقية.

أما إذا أكلنا لحم الخنزير فتنتقل هرموناته وهي كما ذكرت متقاربة مع هرمونات الإنسان، هي مواد كيماوية تنتقل الى دمنا وتحدث زيادة في هرموناتنا ، وتحدث خللا" في نمو أعضائنا أو

مزاجنا أوتصرفاتنا، أو ما يسمى الخلل الهرموني (Hormone Disorder) .

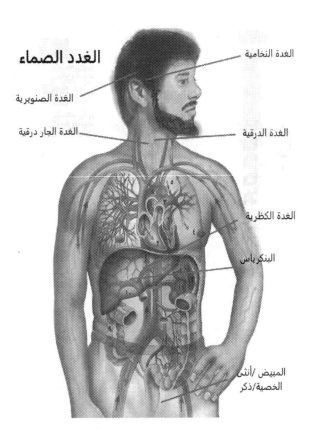

الغدد الصماء
الغدة النخامية
الغدة الصنوبرية
الغدة الجار درقية
الغدة الدرقية
الغدة الكظرية
البنكرياس
المبيض /أنثى
الخصية/ذكر

20

سلالة الطين في ألدنيا
Clay Race

- لقد أشار القرآن إلى أن الله تعالى خلق سيدنا آدم من الطين، قال تعالى:

" وَإِذْ قَالَ رَبُّكَ لِلْمَلَائِكَةِ إِنِّي خَالِقٌ بَشَرًا مِّن صَلْصَالٍ مِّنْ حَمَإٍ مَّسْنُونٍ ، فَإِذَا سَوَّيْتُهُ وَنَفَخْتُ فِيهِ مِن رُّوحِي فَقَعُوا لَهُ سَاجِدِينَ " (الحجر 28-29).

ومادة الصلصال الحمأ المسنون هي الطين اليابس ألأسود ذو رائحه حادة، علميا هي خليط من أكاسيد وهيدروكسيدات وأملاح المعادن مثل الكالسيوم والفوسفور والسيليكا والحديد وغيرها والرائحة تنتج عن وجود مواد كربونيه عضويه.

وفي سورة ألمؤمنون قال تعالى:

" وَلَقَدْ خَلَقْنَا الْإِنسَانَ مِن سُلَالَةٍ مِّن طِينٍ " .(المؤمنون 12).

ثم يشرح بدقه علميه كيف يتكون الجنين ألذي يتغذى على دم الأم وبالتالى فدم الأم يأتي من الغذاء ألذي أصله من ما تنبت ألأرض الطينيه. قال تعالى:

" ثُمَّ جَعَلْنَاهُ نُطْفَةً فِي قَرَارٍ مَّكِينٍ ﴿١٣﴾ ثُمَّ خَلَقْنَا النُّطْفَةَ عَلَقَةً فَخَلَقْنَا الْعَلَقَةَ مُضْغَةً فَخَلَقْنَا الْمُضْغَةَ عِظَامًا فَكَسَوْنَا الْعِظَامَ لَحْمًا ثُمَّ أَنشَأْنَاهُ خَلْقًا آخَرَ ۚ فَتَبَارَكَ اللَّـهُ أَحْسَنُ الْخَالِقِينَ "

أما سلالة الطين فتتكون من عناصر مختلفة ومتسلسلة في منزلتها بالنسبة لعدد البروتونات في النواة، وربنا هنا ترك لنا البحث والتدبر في ذلك، فالسلالة هي عندما نقول أن الهيدروجين به بروتون واحد والهيليوم به بروتونان والليثيوم به ثلاثة والبليريوم به اربعة....وهكذا الكربون والنيتروجين والأكسجين ...6، 7، 8، ...كل ذرة عنصر تتميز عن التي قبلها في سلسلة العناصر الدوربة بزيادة بروتون واحد.

وهذا ما إكتشفه العالم الروسي مندلييف ووضع جدول الترتيب الدوري للعناصر التي خلق الله منها كل شيء في عالمنا.

من الطين تتكون النباتات والحيوان آكل النبات، والإنسان يأكل النبات والحيوان، فتتكون من جسمه في قرار مكين نطفه بقدرة الله، ثم تتحول الى علقة فمضغة فعظام فلحم ثم ينشأ انسان حي عاقل كامل به روح وبصيرة وفي أجمل صورة، مكون من الكربون والهيدروجين والنيتروجين والكالسيوم والصوديوم والحديد والكربون والأكسجين ....تبارك الله أحسن الخالقين.

وهكذا يصف الله خلقه للجنس البشري بتفصيل لذيذ لم يتوصل اليه الإنسان إلا بعد مئات السنين من نزول القرآن على سيدنا محمد عليه السلام. وهذا يضحد ما سمي بنظرية داروين التي تقول أن كل الكائنات الحية تنحدر من أسلاف مشتركة(35). فالله خلق الإنسان من الطين ، ولكن أيضا خلق مخلوقات أخرى كالقرود من الطين وغير الطين، ولكن لم ينفخ

فيها من روحه ولم يعطها البصيرة كالإنسان (وإلا لذكر ذلك في القرآن)، بل وضع النفس والشخصية ووضع فيها غريزة....والله أعلم.

21

ألدين والرق
Slavery & Religion

على مر العصور كانت ولا تزال منابع الرق كثيرة، ولأن القرآن يقول بالمساواة بين البشر، فإن مبادئه تدعوا الى العدالة والمساواة بين البشر، وهذه المبادئ تتعارض مع أن يتملك إنسان إنسانا" آخر، والمسموح به هو العبودية لله وحده أوعبادة الله.

ولكن كان من بين ألأخلاق المتعارف عليها عند العرب والعالم قبل الآسلام ؛ أنه في الحروب إستغلال الأسرى كعبيد، لذا فقد وضع الله في شريعته طرق شتى لتحرير الأسرى والعبيد.

ألرسول الكريم جاء ليتمم مكارم الأخلاق، لا ليحدث ثورة تنفض عنه ألعرب أنذاك، أولا" شرع للأسيرأنه من أسلم أو علم مسلما

الكتابة يصبح حرأ" وذلك حقنا للدماء واحترام الأسير كبشر من خلقة الله حتى لو كان غير مسلم، وأن نطعمه مما نطعم ونلبسه من ما نلبس ، الى أن تضع الحرب أوزارها. فالإسلام شرع العتق ولم يشرع الرق، كما شرع لكل كفارة تحرير رقبه أو عتق رقبه، ثم من ملك جاريه ولم يرد تحريرها شرع له الزواج منها فتصبح بحقوق كاملة كزوجة. **ولذلك كان من المفروض أنه بعد مرور جيل من المسلمين، سوف لن يكون هنالك عبوديه لانسان على إنسان.**

قال تعالى:

" يَا أَيُّهَا النَّاسُ إِنَّا خَلَقْنَاكُم مِّن ذَكَرٍ وَأُنثَىٰ وَجَعَلْنَاكُمْ شُعُوبًا وَقَبَائِلَ لِتَعَارَفُوا ۚ إِنَّ أَكْرَمَكُمْ عِندَ اللَّـهِ أَتْقَاكُمْ ۚ ...." (الحجرات 13).

وقال تعالى:

" فَلَا اقْتَحَمَ الْعَقَبَةَ ، وَمَا أَدْرَاكَ مَا الْعَقَبَةُ ، فَكُّ رَقَبَةٍ " (البلد12،11،10).

ولكن للأسف لم يستوعب بعض من يدعون التفقه بالدين هذا المنطق، فنجد أن الرق إستمر ولم يحررالعبيد، حتى بعد مرور 1300 عام على نزول الرسالة السماويه، فنجد

مثلا" سوق لتملك العبيد في اليمن في القرن الثالث عشر، وقد استمر ألإتجار بالعبيد في اليمن ومناطق أخرى حوله الى القرن التاسع عشر. وكذلك نجد في مقدمة الرحالة ابن خلدون خلال رحلاته[26] ، كلما مر في قطر منحه السلطان جارية ليستمتع بها ويتركها .وخلال حكم حمود بن محمد (الذي يدعي ألأسلام) سلطان زنجبيار(1896-1902) إمتثل الى طلبات المستعمر البريطاني التي تحظر الإتجار بالبشر، وغيرهم الكثير .... أي اسلام هذا!!

جائت حرية الإنسان من الإسلام قبل 1450 سنه، لكننا نجد اليوم في عصر الذره والحضارة العالميه أن العبودية تطورت في كل دول العالم إلا من رحم ربي واصبحت أنواع وبتراخيص مسنونه:

1)عبودية إستملاك إنسان لإنسان آخر كالأتجار بالبشر واستملاك قرى بأهلها.

2)عبودية الوظيفه بعقود كبيع لاعب كرة، أوسيطرة دوله على مجتمع أو دول اخري بعد إغراقها بالديون.

3)عبودية الفكر، بحيث يسمح لدولة أو إنسان أو مذهب أو عقيدة إستعباد إنسان آخر

باقناعه بالقوة او بالقهر بافكار وتصرفات معينه، إذن أين مقولة: "لا إكراه بالدين". قال تعالى: " لَا إِكْرَاهَ فِي الدِّينِ ۖ قَد تَّبَيَّنَ الرُّشْدُ مِنَ الْغَيِّ ۚ ..." (البقرة 256).

22

أن تميد الأرض يتغير المناخ
Earth swerve weather change

أدهشتني ألآيات القرآنية التاليه: بعد بسم الله الرحمن الرحيم:

" أَوَلَمْ يَرَ الَّذِينَ كَفَرُوا أَنَّ السَّمَاوَاتِ وَالْأَرْضَ كَانَتَا رَتْقًا فَفَتَقْنَاهُمَا ۖ وَجَعَلْنَا مِنَ الْمَاءِ كُلَّ شَيْءٍ حَيٍّ ۗ أَفَلَا يُؤْمِنُونَ ﴿٣٠﴾ وَجَعَلْنَا فِي الْأَرْضِ رَوَاسِيَ أَن تَمِيدَ بِهِمْ وَجَعَلْنَا فِيهَا فِجَاجًا سُبُلًا لَّعَلَّهُمْ يَهْتَدُونَ ﴿٣١﴾ وَجَعَلْنَا السَّمَاءَ سَقْفًا مَّحْفُوظًا ۖ وَهُمْ عَنْ آيَاتِهَا مُعْرِضُونَ ﴿٣٢﴾ وَهُوَ الَّذِي خَلَقَ اللَّيْلَ وَالنَّهَارَ وَالشَّمْسَ وَالْقَمَرَ ۚ كُلٌّ فِي فَلَكٍ يَسْبَحُونَ " (ألأنبياء 30-33).

سبحان الله، هنا خمسة معجزات علميه في أربعة سطور.

هذا يقودنا الى خواطر وآراء علميه في تلك الآيات:

1) **إنفجار تكون الكون** العظيم وخلقة الأرض، يعني أن الكون كله كان ملتحما كقبضة اليد ثم مده الله ليكون ألأرض والكواكب والنجوم وما زال يتوسع...قال تعالى:

" وَالسَّمَاءَ بَنَيْنَاهَا بِأَيْدٍ وَإِنَّا لَمُوسِعُونَ " (آيه 47 ألذاريات).

وبناء على نظريات وأبحاث علميه سابقة من أينشتاين و نيوتون وكيبلر وحديثة من مختبرات بالمر[27، 28]، فقد أصبح قطر الكون 93 بليون سنه ضوئيه ولا يزال في توسع نتيجة **قوى الطرد المركزيه**... فموقع كل جرم سماوي يعتمد على كتلته وسرعة دورانه ، أما الكتله فتنقص مع الزمن وتؤدي الى خفض سرعة دورانه فتضعف قوة الطرد المركزيه....وهنا يمضي ربنا فينبؤنا بمصير هذا الكون وليأكد لنا وحدانية الخالق فيقول:

" وَلِلَّهِ غَيْبُ السَّمَاوَاتِ وَالْأَرْضِ وَإِلَيْهِ يُرْجَعُ الْأَمْرُ كُلُّهُ....." (هود 123).

أي أن هذا الكون الذي هو من أمر الله، سيعود الى الله في النهاية ويزول. وفي آية

أخرى يشرح الله لنا كيف، فينبؤنا بما ستؤول اليه السماء والكواكب في هذا العالم، حيث يحدث تجاذب للكواكب والنجوم، عندما ينتهي أو يخف تأثير قوى الطرد المركزي، فتتغلب عليه **قوة الجاذبيه** بين الكواكب وتصبح قوية جدا" بحيث تجذب كل شئ حتى أنها ستجذب الضوء، فيقول الله أنه سيعود الكون كما كان :

" يَوْمَ نَطْوِي السَّمَاءَ كَطَيِّ السِّجِلِّ لِلْكُتُبِ ۚ كَمَا بَدَأْنَا أَوَّلَ خَلْقٍ نُّعِيدُهُ ۚ وَعْدًا عَلَيْنَا ۚ إِنَّا كُنَّا فَاعِلِينَ " (الأنبياء 104).

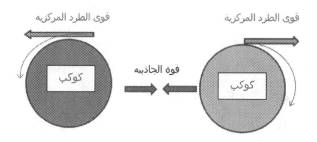

2) **ألماء والحياة**:إختلف علماء البيولوجيا[31] على مكان بداية تكون الخلية الحية لكن أغلبهم - وبناء"على أبحاث الميكروبات الأحفورية- أثبت أن أساس الحياة بدأت من الماء قبل 3.5 بليون سنة ضوئية ،

وذلك قبل أن يخلق الله سيدنا آدم بملايين السنين، فألماء في المحيطات هو الحمايه لديمومة الحياة، فلولاه لحرقت الشمس الأرض وما عليها في لحظة، لأن الحرارة النوعية للماء عالية نسبة الى المواد الصلبه والصخور. ماء البحار يخزن الحرارة من الشمس في النهاردون أن يسخن، ويطلقها في الليل. أضف الى ذلك أن ماء البحار يتبخر ليكون السحب، والسحب تحتك ببعضها وتطلق كهرباء ستاتيكيه وتحدث البرق بدرجات حرارة عاليه جدا" تجعل من أكسجين ونيتروجين الهواء ألنيترات التي تذوب في ماء المطر وتكون سماد نيتروجيني للنبات فتخلق الحياه على الأرض...كما تم شرحه في موضوع مبدأ التدوير.

3) **توازن الارض**: دقق في قوله تعالى: "وجعلنا في الأرض رواسي أن تميد."...يعني أن ألله تعالى يجعل الأرض

باستمرار وبدقة متناهية متوازنه (Balanced) حتى لا تتمايل وتترجرج فتهلك ساكنيها، تخيل إذا كان عجل سيارتك غير متوازن وانت تقود سيارتك بسرعة خمسون كيلومترا" في الساعة، ماذا يحصل للسياره؟ طبعا تترجرج، وكلما زدت السرعة تزعج الركاب أكثر فأكثر. توازن الأرض التي تدور حول نفسها بسرعة 1660 كم/الساعة (المحيط مقسوما على 24 ساعة =40000/24) (أي اسرع من الطائرة بثلاث مرات) ونحن ساكنيها لانشعر بأي إهتزاز لأن الله يستمر في ضبط توازنها حتى لا تميد.... إن سبب تغير مناخ ألأرض، أو بالأدق سبب تداخل فصول السنة الأربعه كل بضعة سنين، ليس فقط غاز ثاني أكسيد الكربون المنبعث من المصانع والسيارات وتكوين ما يسمى بالبيت الزجاجي وتسخين سطح الأرض، بل هو إذابة جبال من الثلوج في القطبين، جبال ثلج ضخمة ذابت فأزيحت من موقعها، فوجب إعادة توازن الأرض،

والآن ماذا حصل عندما ذابت بعض جبال الثلج في القطبين؟

(أ) لقد أزيح مركز الأقطاب خلال السنوات الماضيه للمحافظة على توازن الأرض؛ حسب معلومات من الإنترنت (29) أزيح بالتدريج باتجاه سيبيريا مسافة ستون كيلومترا....سبحان الله، يعني تحرك محور دوران الأرض بعض الشئ ، وبالتالي أزيحت مواقع مدار الجدي ومدار السرطان وخط الإستواء شيئا فشيئا، لذلك تحرك فصل الربيع ودخل في الصيف ونهاية الصيف دخلت في الشتاء ونهاية الشتاء دخلت في الربيع...وفي نظرية أخرى لسبب ازاحة مركز القطب الشمالي والجنوبي هو أن كتلة الحديد الضخمة والمصهورة في مركز الأرض، تتحرك ببطئ كل بضعة سنوات، أي ان مغناطيسة الأرض تزاح من مكانها ثم تعود.

(ب) دعنا نفكر أيضا في مياه الثلوج الذائبه أين تذهب؟ طبعا الى البحار، وبالتالي ترفع

مستوى سطح البحار ولو ميليمترات كل سنه!!...تأمل قوله تعالى:

" أَوَلَمْ يَرَوْا أَنَّا نَأْتِي الْأَرْضَ نَنقُصُهَا مِنْ أَطْرَافِهَا ۚ ..." (آيه 41/ألرعد) صدق الله العظيم.

4) **سماء الأرض المحفوظة**: وفي تكملة ألآيات أعلاه يذكرنا ربنا بأن السماء محفوظه، او بالأحرى حافظة للأرض ومن فيها! :" وجعلنا ألسماء سقفا" محفوظا" كيف؟...

ألأرض مغناطيس هائل، والمجال المغناطيسي حولها في السماء يحفظها من رياح الشمس المميتة مثل أشعة X وأشعة Gama .

5) **<u>كل في فلك يسبحون</u>**: ألشمس والقمر والأرض يدور كل في فلكه ولا يتعارض فلك مع الآخر،وهنا كلمة يسبحون تعني أنهم يتحركون بسبب قوى ذاتيه من داخلهم[30]... بينما إعتقد الأقدمون أن الأرض مسطحة وثابتة، والشمس والقمر فوقها يدوران .

قال رسول الله صلى الله عليه وسلم:
"إذا وقع الطاعون بأرض وانتم بها فلا تخرجوا منها، وإذا وقع بأرض وأنتم لستم بها فلا تهبطوا عليها"

23

ألفراعنه صنعوا الإسمنت

Pharaohs made Cement

بناء الأهرامات... عندما ذهبت للحج سنة 2011 وكنت أقرأ القرآن في عرفه جلس إلي شباب عراقيون وقالوا زدنا من علمك يا شيخ (كنت ملتحيا) ، قلت أنا لست شيخا ولا عالما في الدين، لكن تعالوا نقرا ونتدبر، نظرت في المصحف فقرأت:

"... وَقَالَ فِرْعَوْنُ يَا أَيُّهَا الْمَلَأُ مَا عَلِمْتُ لَكُم مِّنْ إِلَـٰهٍ غَيْرِي فَأَوْقِدْ لِي يَا هَامَانُ عَلَى الطِّينِ فَاجْعَل لِّي صَرْحًا "...." (ايه 38 القصص)

عندها وبحكم كوني مهندسا كيميائيا َتذكرت:

1-كان الرومان يبنون بيوتهم والقلاع التي هي قائمة للآن من الرماد البركاني.

2- كربونات المعادن من الكلس والحديد والمغنيسيوم والألمنيوم والكروم، عند تسخينها

فوق درجة حرارة الف مئوي تفقد غاز ثاني أكسيد الكربون وتتحول الى أكاسيد.

3- عند مزج الأكاسيد بالماء ووضعها في قوالب تستعيد مع مرور الزمن الغاز الذي فقدته من الذائب في الماء ومن الجو وتعود الى أصلها حجرا، أي اسمنت.

4- إن كلمة "أوقد" لا تعني سخن ولا دفئ ولا حمى ، تعني نار (وقدة) حرارتها<1000 °.

5- هكذا تصنع مصانع الأسمنت أنواع الأسمنت المختلفة حسب مكونات الطين (الكلي Clay)المستعمل.

6- أحجار الأهرامات لا تحتوي على تسوس أو عروق فهي ليست من محاجرأو صخور بركانية.

هذا يعني أن فرعون مصر كان يطلب من مهندس البناء هامان أن يوقد نارا تحت أحجار الطين ليحوله إلى أكاسيد ليصنع منها اسمنت البناء، تماما كما نصنع نحن اليوم مادة الشيد

ومادة الإسمنت. فبهذه الآية يخبرنا الخالق كيف
بنى الفراعنة أهرامهم.

Old Quick lime production Plant
كبارة قديمة لانتاج الجير الحي

24

الاقتصاد في الحياة
Economy in living

أن نفرح بنعم الله علينا شئ لطيف، كذلك من محللات الحياة أن ننعم بزينة الحياة التي أخرجها الله لعباده و الطيبات من الرزق...قال تعالى:

- " قُلْ مَنْ حَرَّمَ زِينَةَ اللَّـهِ الَّتِي أَخْرَجَ لِعِبَادِهِ وَالطَّيِّبَاتِ مِنَ الرِّزْقِ ۚ قُلْ هِيَ لِلَّذِينَ آمَنُوا فِي الْحَيَاةِ الدُّنْيَا ..." (الأعراف 32).

ولكن من أسوأ العادات وأقبحها هو التبذير فيما أنعم الله علينا، كالتبختر ببدلة أو فستان جديد أو سيارة فارهة ليشعر من حوله أنه يملك شيئا أفضل منهم، أوالمبالغة في العزائم بهدف إشعار الضيف أنه ذو مال أكثربحجة إكرام الضيف، فهذا هو الكرم الباطل. كذلك الافراط في الأكل والشرب والفرش واللباس. هذه العادات تجلب

لنا مجموعة من المشاكل خصوصا الصحية والنفسية والإجتماعية، إضافة الى المشاكل ألمادية. فهي من أسباب أمراض التخمة والسرطانات والحسد وغيظ الآخرين.

ولائم رمضان بين مظاهر الكرم وآفة الإسراف المنهي عنه في الإسلام:" ...وكلوا واشربوا ولا تسرفوا إنه لا يحب المسرفين" ، وفي القرآن الكريم حوالي 23 مرة ينهانا الله تعالى عن الإسراف في نعمه:

" ... وَلَا تُسْرِفُوا ۚ إِنَّهُ لَا يُحِبُّ الْمُسْرِفِينَ " (آيه 141 ألأنعام)

"... وَكُلُوا وَاشْرَبُوا وَلَا تُسْرِفُوا ۚ إِنَّهُ لَا يُحِبُّ الْمُسْرِفِينَ " (آيه31 ألأعراف)

"... وَأَنَّ الْمُسْرِفِينَ هُمْ أَصْحَابُ النَّارِ "(آيه43 غافر).

" وَلَا تُطِيعُوا أَمْرَ الْمُسْرِفِينَ، الَّذِينَ يُفْسِدُونَ فِي الْأَرْضِ وَلَا يُصْلِحُونَ " (ألشعراء151،152).

"وَالَّذِينَ إِذَا أَنفَقُوا لَمْ يُسْرِفُوا وَلَمْ يَقْتُرُوا وَكَانَ بَيْنَ ذَٰلِكَ قَوَامًا "(ألفرقان 67).

شهر رمضان ليس شهر تبذير وتلذذ وجود وخيرات على صاحبها كما تدعي الإذاعات المأجورة، بل هو شهر عطاء للفقراء وشهر صبر وتقوية إرادة للمسلم.

(((((((((((((((((((((تم بعون الله)))((((((((((((((((((

المراجع

Referencies

1) ألقرآن الكريم
2) تاريخ فلاسفة ألإسلام لإبن رشد.
3) فقه الواقع وأثره في الإجتهاد، د.ماهر حصوه، جامعة العين.
4) كتابة بسيم مسالمة - آخر تحديث: ٠٧:٣٢ ، ٢٩ مارس, 2017.
5) Mined structures, Annemieke Cloosterman, Netherlands
6) Dr.Ibrahim Alfiky,
7) Newton's Law of Gravity between Masses.
8) ألمهاتما غاندي
9) The School of Life, Aurther Schopenhauer

10) د.مصطفى محمود، كيفية تناول الإسلام ألإرادة والرغبة.

Think & Grow Rich, Napoleon (11 Hill

The Marshmallow Test, (12 Prf.W.Mischel, Stanford University,

The Power of your (13 subconscious Mind, Dr.J.Murphy 1898-1981, CA, USA.

14) قوة العقل الباطن، د. إبراهيم الفقيه.

Most Interesting Ideas of S. (15 .Freud, By Saul McLeod, 2018

16) كتاب القضاء والقدر، محمد متولي الشعراوي، دار الشروق.

Human Nature & the State, H. (17 S. Brown, International Journal of Ethics.

Pigs are biologicaly similar to (18
humans and are thus frequently
used for human medical research/
en.wikipedia.org.

Porcine Somatotropin (pST), (19
Bio-technology Information Series

20) المهندس عدنان الرفاعي –المعجزة الكبرى.

21) ألكتاب والقرآن، د.م.محمد شحرور.

Why Brain need much Energy, (22
N.Swaminathan, USA 2008

Dr.Surjit Safilyaf, Russian (23
Science Academy of Nerves

Emotional Intelligence, PhD. (24
Steven J.Stein.

25) خواطر شعراوي، العلم السماوي والعلم الكوني، يوتيوب.

26) مقدمة إبن خلدون، عبد الرحمن بن محمد بن خلدون.

The Gravitational Instability of (27 the Universe, NASA, by PJE Palmer, 1967.

A Brief History of Time, (28 Stephen Hawking,

National Geographic, 2016/04, (29 .North Pole Displacement

Dr.Maurice Bucaille, The Bible (30 the Quran and the Science

The Secrete of how Life on (31 Earth Began, Michael Marshall, 2016

32) قاموس المعاني- عربي/ عربي.

Scientific Study published in (33

1907 by Duncan MacDougall,

Massachusetts.

Religious views of Isaac (34

Newton – Wikipedia.

Charles Darwin, The Descent (35

of Man, and Selection in relation to

Sex, J. Tyler.

Proven Process for Success, (36

Brian Tracy.

How I bought my dream House, (37

John Assaraf.

The history of western (38

Philosophy, Bertrand Russell.

Wisdom Bias & Balance, Ass. (39
Prof. Igor Grossman, Waterloo
Univ., Canada.

Wisdom from Phil, by Stephan (40
S.Hall.

How to think like a wise Person, (41
by Dr. Adam Grant.

10 Ways to think like a wise (42
Person.

Stanford Encyclopedia, (43
Wisdom, Jan. 8th.2007.

George Wilhelm F. Hegel, (44
Wikiquote.

Abdullah Quilliam, April 1856, (45
Int.

The Incredible Benefits of (46

Meditation on your willpower, Colin

Robertson, 2015.

A role for Estrogen in (47

Schizophrenia, A.Gogos, A. Shisa &

B. Dean, Int.Jornal of Endocrinology